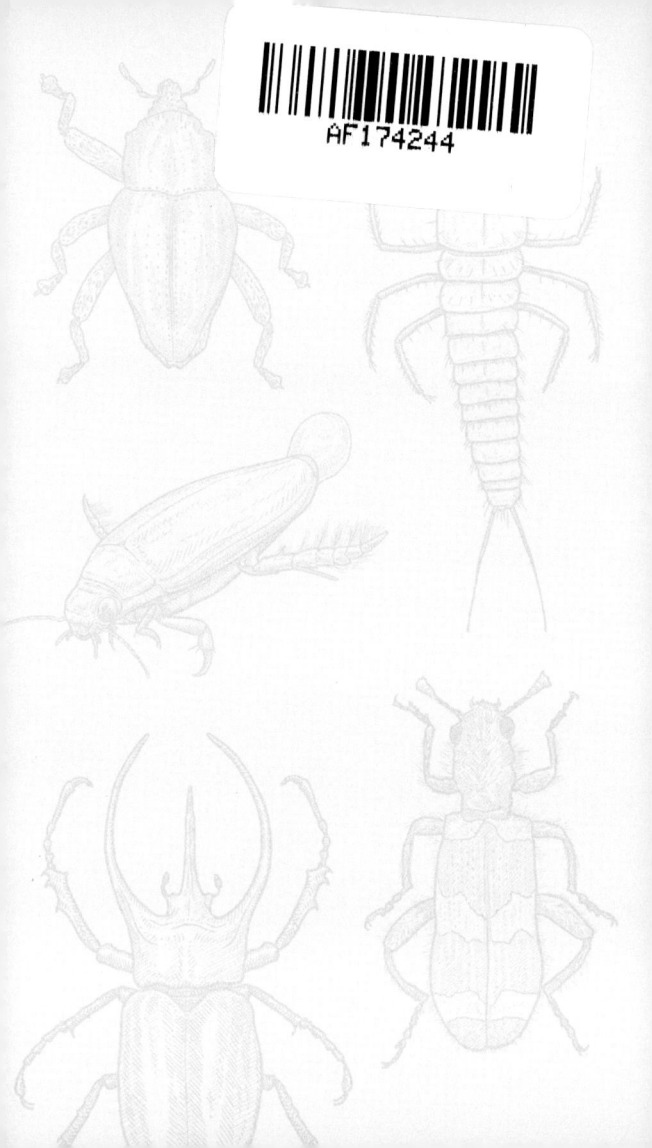

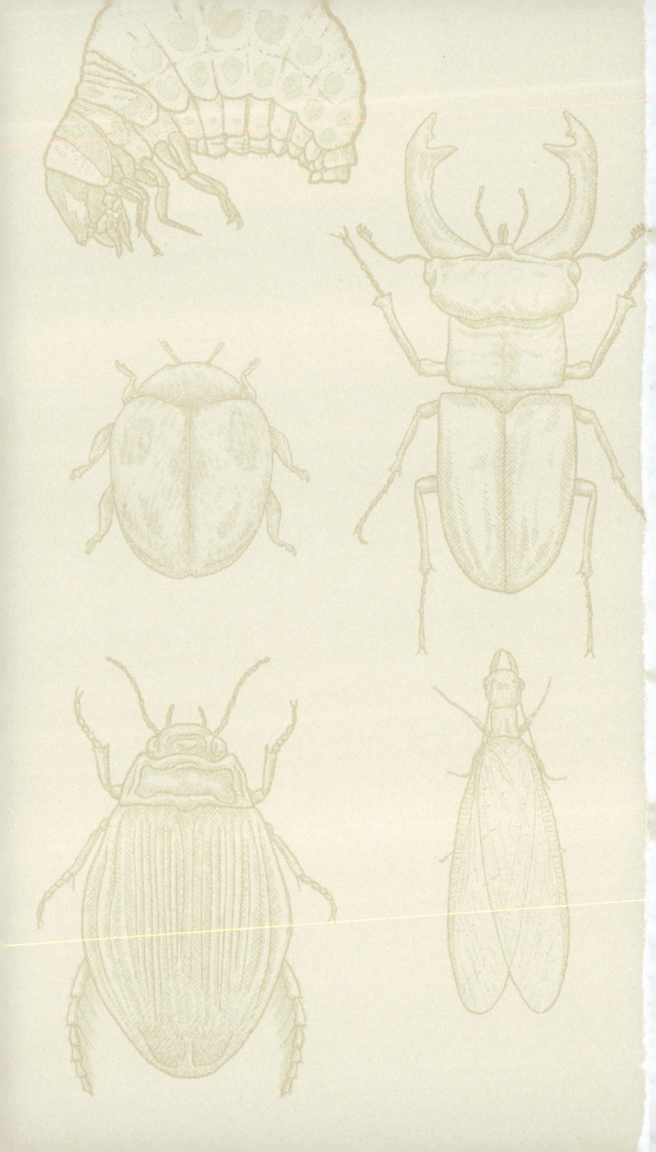

PEQUEÑO LIBRO DE LA NATURALEZA

ESCARABAJOS

PEQUEÑO LIBRO DE LA NATURALEZA

ESCARABAJOS

BLUME   ARTHUR V. EVANS

BLUME

Título original *The Little Book of Beetles*

Edición Nigel Browning, Slav Todorov, Caroline West
Desarrollo y dirección del proyecto Ruth Patrick
Diseño y dirección de arte Lindsey Johns
Ilustración en color Tugce Okay
Ilustración arte y línea Ian Durneen
Traducción Lluïsa Moreno Llort
Revisión de la edición en lengua española
Ramiro Albar Pujol
Asesor naturalista

Coordinación de la edición en lengua española
Cristina Rodríguez Fischer

Primera edición en lengua española 2025

© 2025 Naturart, S.A. Editado por BLUME
Carrer de les Alberes, 52, 2.º, Vallvidrera
08017 Barcelona
Tel. 93 205 40 00 e-mail: info@blume.net
© 2024 UniPress Books Limited, Londres
© 2024 Princeton University Press, New Jersey (Estados Unidos)

PRINCETON
press.princeton.edu

ISBN: 978-84-10268-73-9
Depósito legal: B. 19695-2024
Impreso en China

WWW.BLUME.NET

MIXTO
Papel | Apoyando la
silvicultura responsable
FSC® C005748

CRÉDITOS DE LAS IMÁGENES

Age Fotostock: 148 James E. Lloyd. **Dreamstime.com:** 29 Oleksii Kriachko; 48 Paul Reeves;
53 Alexmax; 100 Bennymarty; 125 Photogolfer. **iStock:** 121 Henrik_L. **Nature Picture Library:**
11 Mark Moffett; 15 Thomas Marent; 66 John Abbott; 75 Paul Bertner; 79 Nature Production;
88 Konrad Wothe; 111 Michael Durham; 147 PREMAPHOTOS. **Shutterstock:** 139d alslutsky.
Otros: 25 Anders L. Damgaard www.amber-inclusions.dk; 40 David R. Maddison; 43 Joyce
Gross; 63 Soebe; 83, 134 Arthur V. Evans; 105 UBC Micrometeorology de Vancouver,
Canadá; 115 John Abbott; 139l Yves Bousquet. **Otras referencias a ilustraciones:** 35 Mario
Sarto/Björn S...; 47 Alpsdake; 69 *Journal of Anatomy*, junio de 2018; 232(6): 997-1015,
figura 8, © 2018 Anatomical Society; 87 Bernard DUPONT; 95 P.S. Meng, K. Hoover y M.A.
Keena/Patrick Randall; 99 Yves Bousquet; 107 Geoff Gallice; 131 Judy Gallagher.

PEQUEÑO LIBRO DE LA NATURALEZA

 ÁRBOLES

 ARAÑAS

 ESCARABAJOS

 MARIPOSAS

CONTENIDO

INTRODUCCIÓN

Desde los cinco años me han fascinado los insectos, especialmente los escarabajos, por los que siento un inmenso cariño. El hecho de crecer en los límites sudoccidentales del desierto de Mojave, en California, me ha brindado multitud de oportunidades para explorar hábitats muy diversos ricos en vida insectívora. Más adelante, las acampadas familiares por todo el Estado Dorado también me permitieron estar en contacto con un sinfín de especies que vivían en hábitats costeros y de montaña.

AL PRINCIPIO

La vertiente intelectual de mi pasión nació tras una visita entre bambalinas de la colección de insectos del Museo de Historia Natural del condado de Los Ángeles. Allí descubrí vitrinas llenas de especímenes de escarabajos ordenados de forma sistemática, cada uno provisto de una etiqueta que contenía detalles importantes de su captura. Ya en secundaria, equipado con un carné de conducir recién sacado, datos de las fichas de los especímenes y documentos extraídos de la bibliografía científica, empecé a hacer salidas por todo el sur de California y Arizona en busca de escarabajos. Mi propósito era encontrar especies que no hubiera visto y, siempre que fuera posible, descubrir y describir especies nuevas para la ciencia. Con el tiempo, mi investigación me llevó a hacer excursiones y visitar museos por todo Estados Unidos y Canadá, el Reino Unido, partes de México y Centroamérica, así como por todo el sur de África.

Tras finalizar mi doctorado en entomología sistemática en la Universidad de Pretoria de Sudáfrica, mis intereses se ampliaron e incluyeron la educación científica no académica. Durante diez años trabajé como director del zoo de insectos del Museo de Historia Natural del condado de Los Ángeles, donde me propuse contribuir a una mayor concienciación y aprecio por los insectos y otros artrópodos. Ideé un zoo de insectos portátil que viajaba a escuelas, bibliotecas y campamentos de verano, y también organicé una serie de talleres para docentes que alentaban la inclusión de los insectos en el currículum escolar.

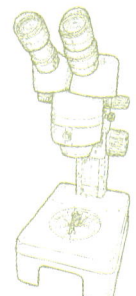

DIVULGACIÓN

Siempre he abrazado las oportunidades para compartir mi pasión por todo tipo de insectos, en especial los escarabajos. Este libro es una síntesis de mi experiencia como científico y también como educador. Sus capítulos profusamente ilustrados tratan de la evolución, diversidad, estructuras, desarrollo y hábitats de los escarabajos. Otro capítulo examina la interrelación entre el ser humano y el escarabajo a través de ensayos que subrayan las funciones de los escarabajos en el folclore y la cultura popular, así como la fuente de inspiración que son en los campos de la ciencia, la tecnología y la medicina. El penúltimo capítulo se centra en el disfrute y el estudio de los escarabajos y la necesidad de conservarlos, mientras que el capítulo final reúne curiosidades que ponen de relieve algunos de los aspectos más asombrosos y peculiares de los coleópteros.

La omnipresencia de los escarabajos, junto con su diversidad de formas y comportamientos, ha alimentado y mantenido mi curiosidad intelectual durante más de medio siglo. A lo largo de mi trayectoria, he aprendido que existen dos tipos de personas: aquellas que sienten fascinación por los escarabajos y aquellas que aún no saben que sienten fascinación por estos animales extraordinarios. Para los iniciados, esta obra ofrecerá una visión renovada de los escarabajos de todo el mundo, mientras que para aquellos que se estrenan en la exploración de estos insectos, será una introducción sugerente llena de colorido. Espero que ayude a inspirar a una nueva generación de naturalistas y científicos.

Arthur V. Evans, doctor en Ciencias

EPÍTOME DE LA DIVERSIDAD

Con más de 400 000 especies, una cifra que multiplica por más de diez veces el número total de vertebrados (peces, anfibios, reptiles, mamíferos y aves), los escarabajos son el grupo de animales más abundante del planeta. En tierra, son únicos en cuanto a variedad de tamaños, formas y colores. Esta asombrosa diversidad de escarabajos se debe a su antiguo diseño corporal. Durante más de 285 millones de años, sus cuerpos especialmente compactos y acorazados han evolucionado y se han adaptado a los innumerables retos que les plantean unos entornos en cambio constante. Las características conductuales, evolutivas y fisiológicas que poseen los escarabajos también les han permitido sobrevivir como grupo y proliferar en innumerables nichos terrestres, ya sea en lo alto de los doseles de las húmedas selvas tropicales o en desiertos abrasadores y en apariencia desolados. Algunos grupos también se han adaptado a vivir en la superficie de masas de agua dulce o en su interior.

INSPIRACIÓN

Cercanos y, sin embargo, extraños, los comportamientos intrigantes y, a veces, curiosos de los escarabajos han fascinado a los humanos desde hace mucho tiempo, por lo que han influido en culturas y han inspirado mitos y leyendas durante miles de años. En la Europa del siglo XIX, el interés por los escarabajos era bien conocido tanto entre los plebeyos como entre los aristócratas. Examinaban el campo y visitaban territorios extranjeros para recoger ejemplares, y solían tener enormes colecciones de escarabajos encurtidos y sujetos con alfileres en un intento de entender los auténticos fundamentos de Dios y la naturaleza.

INNOVACIÓN

Hoy en día, científicos de todo el mundo que trabajan en una gran variedad de ámbitos llevan a cabo meticulosos estudios de las estructuras, conductas y secreciones defensivas de los escarabajos mediante el uso de tecnologías innovadoras, tales como análisis moleculares que prometen importantes avances científicos, tecnológicos y médicos para las generaciones venideras.

ACROCINUS LONGIMANUS

El escarabajo arlequín (*Acrocinus longimanus*) vive en los bosques tropicales que se extienden desde el sur de México hasta Uruguay. El nombre común de este escarabajo, que se alimenta de savia, se debe al patrón de colores tan llamativos de sus élitros. Los machos se caracterizan por unas patas anteriores muy largas, que usan para agarrarse a los troncos de los árboles cuando embisten con la cabeza a los machos rivales. Los pseudoscorpiones que buscan nuevos sitios donde alimentarse y aparearse suelen utilizar estos grandes escarabajos como medio de transporte, una forma de simbiosis conocida como *foresis*. Los tejidos larvarios de estos escarabajos contienen péptidos antifúngicos que pueden proporcionar un tratamiento para las infecciones muy graves que se contraen en entornos hospitalarios.

↑ Aunque las larvas del escarabajo arlequín normalmente se desarrollan en los troncos de las higueras, ejerce como plaga en árboles del pan introducidos desde el sureste asiático.

PERFECTAMENTE EQUIPADO

Los cuerpos de los escarabajos, así como los de otros insectos y artrópodos (crustáceos, arácnidos, milpiés, ciempiés y otros emparentados), están recubiertos por un *exoesqueleto* duro y segmentado. Estos segmentos, junto con sus antenas articuladas, piezas bucales y patas, están unidos por unas articulaciones más o menos flexibles que les permiten una mayor movilidad. Como en todos los insectos, los segmentos del exoesqueleto del escarabajo están agrupados en tres zonas principales del cuerpo: la cabeza, el tórax y el abdomen.

El exoesqueleto del escarabajo, que sirve de piel y esqueleto a la vez, está provisto de un extenso abanico de estructuras que le permiten masticar, caminar, correr, excavar, nadar y volar con facilidad. También sirve de plataforma para las estructuras sensoriales que ayudan a los escarabajos a percibir las vistas, los olores y los sonidos de su alrededor, así como proporcionarles el sentido del tacto. El exoesqueleto del escarabajo también presenta una asombrosa variedad de colores y patrones que le ayuda a encontrar pareja, evitar el peligro y regular su temperatura corporal.

↓ Los ciervos volantes europeos macho (*Lucanus cervus*) tienen unas mandíbulas parecidas a cuernos.

↓ Los escarabajos buceadores hembra (*Dytiscus marginalis*) tienen unos élitros con unas estrías muy características.

→ El escarabajo goliat (*Goliathus regius*) vive en los bosques tropicales del África Occidental. Los machos se distinguen por sus cuernos en forma de Y que emplean para luchar con otros machos por posibles parejas o zonas para alimentarse.

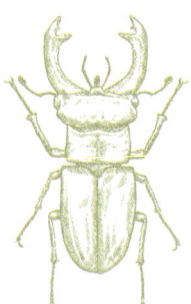

LA FÓRMULA PARA EL ÉXITO

El éxito evolutivo de los escarabajos no tiene parangón con el de ningún grupo de animales terrestres. Sus orígenes anteriores al Cretácico, junto con sus características físicas y fisiológicas, contribuyeron a la evolución y longevidad de numerosos ascendentes modernos que surgieron y se diversificaron durante el Jurásico, hace aproximadamente entre 201 y 145 millones de años.

Según los registros fósiles, la mayoría de los antiguos escarabajos eran de pequeño tamaño y podían volar, lo que les permitía esquivar a los depredadores y recorrer grandes distancias a la vez que buscaban alimento y pareja para aparearse. La evolución de sus alas anteriores especialmente duras, o élitros, junto con la *cavidad subelitral*, situada justo debajo, prepararon a los escarabajos para la vida en cualquier tipo de hábitats terrestres y acuáticos.

ÉLITROS

Los élitros son como un escudo para el abdomen y los sistemas de órganos que contiene. También protegen las finas alas posteriores (plegadas debajo) de la abrasión mientras los escarabajos cavan en la tierra o bien se introducen debajo de trozos de corteza sueltos. La cavidad subelitral ha permitido a los escarabajos terrestres adaptarse a diversas condiciones duras y secas al ayudarles a regular su temperatura corporal y mantener la humedad. En el caso de los escarabajos acuáticos, la cavidad subelitral proporciona un lugar donde almacenar una burbuja de aire de la que pueden extraer el oxígeno necesario para respirar debajo del agua.

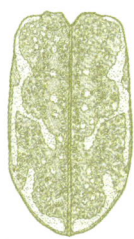

↑ Las gruesas alas anteriores de los escarabajos reciben el nombre de élitros.

DESARROLLO

Los escarabajos evolucionaron como una parte de una rama de insectos que experimentan *holometabolismo*. Estos y otros insectos holometábolos (por ejemplo, las hormigas, las abejas, las avispas, las moscas, las pulgas, las mariposas y las polillas) pasan por cuatro estadios diferenciados a lo largo de su vida: huevo, larva, pupa o crisálida y adulto. Las larvas de escarabajo son distintas de los adultos no solo en cuanto a la forma, sino también en cuanto a las preferencias alimentarias y condiciones ecológicas. El holometabolismo en los escarabajos y otros insectos no solo reduce la competencia entre los progenitores y su prole por el alimento y el espacio, sino que ayuda a que las especies de todo el mundo se adapten a sobrevivir a las fluctuaciones de temperatura, en especial en los climas templados.

DIVERSIFICACIÓN

La diversificación de la mayoría de los linajes más modernos llegó a su punto álgido durante el Triásico (hace 252-201 millones de años) y el Jurásico, mucho antes de que aparecieran las angiospermas. Cuando surgieron, los escarabajos que se alimentaban de plantas ya podían producir enzimas digestivos que probablemente se adquirieron por transferencia genética horizontal desde las bacterias y los hongos. Este desarrollo evolutivo trasladó la dependencia de los hongos simbióticos y las bacterias en sus intestinos para la digestión a mecanismos simbióticos independientes. Con el tiempo, estos escarabajos herbívoros digirieron de forma más eficiente los tejidos de las plantas, lo que favoreció la especificidad de las plantas alimentarias y preparó el terreno para extraer hojas y tallos, perforar la madera, una micofagia especializada y otros hábitos alimentarios especializados.

GENES PRESTADOS

Se creía que la diversidad de los escarabajos se aceleró en la interrelación entre el escarabajo y la planta que empezó a finales del Mesozoico, hace unos 66 millones de años, y que la diversidad de angiospermas llevó a la radiación evolutiva de los escarabajos. Para digerir los tejidos de las plantas, se creía que los escarabajos dependían de los microorganismos endosimbióticos. Pero estudios recientes acerca de cómo los genes de los escarabajos interactúan unos con otros y con sus entornos (genómica), asociados a investigaciones sobre sus fisiologías digestivas, sugieren que muchos linajes de escarabajos herbívoros se adaptan para sacar el máximo partido a las angiospermas y sus estructuras vegetativas.

LOS ESCARABAJOS COMO PLAGA

Es probable que las materias vegetales y animales mal almacenadas en despensas, depósitos y colecciones de museos atraigan y alimenten a escarabajos considerados como plagas. Otros escarabajos susceptibles de convertirse en plaga atacan las plantas de los jardines y los cultivos, o destruyen bosques para obtener madera y otros productos relacionados. Los escarabajos de la corteza y de la ambrosía que suelen atacar a árboles secos, enfermos o talados pueden diezmar árboles ornamentales y de los bosques, sobre todo aquellos que sufren exceso o escasez de agua. Las actividades de perforación de estos y otros escarabajos dañan o matan árboles vivos al deteriorar la capacidad del árbol para transportar agua y nutrientes e introducir infecciones que pueden ser letales. Ciertas especies de escarabajos del reloj de la muerte y de polvo que atacan solo madera seca pueden dañar muebles, suelos y paneles.

LOS EFECTOS DE LOS INSECTICIDAS

Los insecticidas que matan plagas concretas, como los neonicotinoides, se utilizan en los cultivos para aumentar los beneficios. No obstante, no solo reducen las poblaciones de abejas en todo el mundo, sino que también perjudican a otros insectos que son indispensables para la agricultura. Así, por ejemplo, experimentos de laboratorio y sobre el terreno demuestran que babosas que no se han visto afectadas por los neonicotinoides aplicados a la soja albergan suficiente cantidad del producto en sus tejidos como para perjudicar o matar escarabajos terrestres beneficiosos que se alimentan de babosas y otras plagas. Reducir las poblaciones de escarabajos comportó un aumento de la cantidad de babosas, lo que redujo el número de plantas y el rendimiento de las cosechas.

ECONOMÍA

Los escarabajos herbívoros proporcionan unos valiosos servicios ecológicos al descomponer y reciclar los nutrientes que contienen los tejidos vegetales vivos y muertos. No obstante, cuando unas especies concretas centran su atención en productos de madera o en plantas que crecen en jardines, parques, bosques y paisajes visuales, los impactos estéticos y económicos pueden ser muy importantes. En todo el mundo, las pérdidas monetarias catastróficas a resultas de una menor producción agrícola, unas mercancías deterioradas y árboles forestales talados representan cada año centenares de miles de millones de dólares. La pérdida de bosques debido a los daños producidos por escarabajos puede tener consecuencias graves a largo plazo al alterar o destruir servicios ecológicos de valor incalculable, de los que dependemos para obtener aire y agua limpios, controlar la erosión y el ciclo de los nutrientes. Dichas pérdidas se agravan por el coste enorme y el daño ecológico a largo plazo que vienen motivados de los esfuerzos para controlar las plagas de escarabajos con pesticidas.

← Nativo de Norteamérica, el escarabajo de la patata (*Leptinotarsa decemlineata*) es uno de los escarabajos de las hojas más invasivos del mundo.

ESCARABAJOS ÚTILES

A pesar del importante daño económico provocado por relativamente pocas especies, la mayoría de los escarabajos apenas nos afectan de forma directa, o bien poseen un enorme valor por los servicios que ofrecen. Entre los ejemplos de escarabajos beneficiosos, cabe citar las especies que se utilizan en los museos para limpiar esqueletos y aquellos utilizados como agentes de control biológico.

HASTA LOS HUESOS

Los museos emplean escarabajos de las pieles, que se alimentan de carne, o los escarabajos de los museos del género *Dermestes* para limpiar esqueletos a fin de ser estudiados o expuestos. Animales que van desde pequeños pájaros hasta ballenas gigantes se colocan en recintos junto con una gran cantidad de escarabajos y sus larvas, que roerán los cadáveres hasta que no quede más que el esqueleto. Este proceso puede llevar solo unos días, en el caso de animales de pequeño tamaño, o hasta varios meses cuando se trata de grandes mamíferos marinos.

HÉROES

Un control biológico implica el uso de enemigos naturales de una plaga (depredadores, parasitoides, herbívoros y patógenos) como métodos de control en lugar de depender solo de pesticidas. El control biológico moderno empezó con unos esfuerzos llevados a cabo en California para combatir la cochinilla acanalada (*Icerya purchasi*), un insecto australiano que amenazaba con destruir la industria cítrica incipiente en el estado. A finales del siglo XIX se enviaron a California algunas especies de mariquitas australianas que se alimentan de estas cochinillas y se dejaron en libertad para combatir la plaga. Así, *Novius cardinalis* se empleó para controlar la cochinilla acanalada.

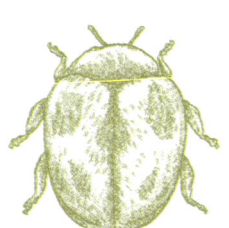

← Los escarabajos *Novius cardinalis* son unas mariquitas cubiertas de un denso vello.

INGENIEROS EN SALUBRIDAD

Los escarabajos peloteros (o coprófagos) se usan como agentes de control biológico. Los escarabajos peloteros autóctonos de Australia prefieren las deposiciones pequeñas y fibrosas de los marsupiales nativos a las grandes boñigas húmedas del ganado vacuno. La acumulación de bostas de vaca secas también reduce la cantidad de pasto apetecible para el ganado. Para luchar contra las plagas anuales de moscas y la pérdida de pastizales, en la década de 1960 el gobierno australiano importó escarabajos peloteros del sur de África. Se implementaron unas estrictas medidas de cuarentena para evitar la introducción de parásitos y otras plagas del ganado en Australia. Los escarabajos peloteros enterraron los excrementos de vaca, con lo que eliminaron los lugares de reproducción de las moscas, al mismo tiempo que reciclaban los nutrientes. Aunque el Proyecto australiano de los escarabajos coprófagos finalizó hace más de treinta y cinco años, cuarenta especies de escarabajos coprófagos aún siguen muy activas.

RECUPERACIÓN

Utilizar los escarabajos como agentes de control biológico no se limita a aprovechar el apetito de los insectos depredadores o carroñeros. Las especies herbívoras a veces se ven obligadas a actuar para ayudar a controlar plantas causantes de plagas en tierras vírgenes, en un esfuerzo para restablecer los hábitats autóctonos. Así, por ejemplo, la rápida expansión del taray euroasiático (del género *Tamarix*) tanto en hábitats naturales como artificiales ribereños en el oeste de Norteamérica a lo largo de los dos últimos siglos ha estado estrechamente relacionada con el declive de los bosques de álamos y sauces (*Populus* y *Salix*), bosques de mezquite (*Prosopis* en su mayoría) y otros complejos de plantas nativas. Las arboledas de taray no solamente reemplazan a las comunidades de plantas y a la fauna y flora autóctonas, sino que también aumentan la salinidad de la tierra al disminuir las fuentes de agua locales. En un esfuerzo por reivindicar los hábitats dominados por el taray para los bosques ribereños autóctonos, los entomólogos introdujeron varios escarabajos herbívoros, como *Coniatus splendidulus* y *Diorhabda carinulata*.

PERSPECTIVAS ÚNICAS

Del mismo modo que un mayor número de píxeles de luz mejora la nitidez de una imagen digital, estudiar la variedad aparentemente infinita de escarabajos amplía nuestro conocimiento del mundo natural. La investigación que está centrada en los escarabajos permite a los científicos poseer una visión de la vida que no tiene punto de comparación con la investigación de la mayoría de los otros grupos de organismos. No es una coincidencia que uno de los grandes pilares del pensamiento científico, la teoría de la evolución por selección natural, fuera concebido de forma independiente por dos naturalistas victorianos, Charles Darwin (1809-1882) y Alfred Russel Wallace (1823-1913), que se inspiraron, al menos en parte, en su fascinación por los escarabajos. A medida que sigue avanzando nuestra tecnología, también lo hará nuestra capacidad para dilucidar los misterios de la evolución de los escarabajos. Ocultas en alguna parte del genoma del escarabajo están las respuestas a las preguntas que ya tenemos pensado formular; respuestas que, sin duda, arrojarán luz de forma significativa acerca de toda la vida sobre la Tierra en el pasado, el presente y el futuro.

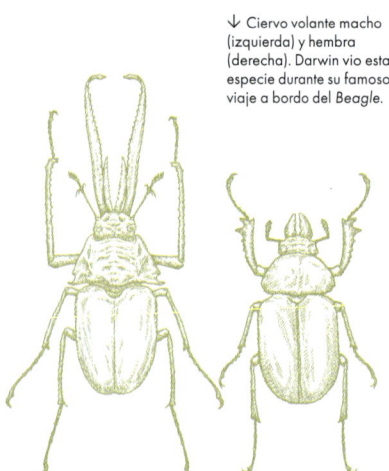

↓ Ciervo volante macho (izquierda) y hembra (derecha). Darwin vio esta especie durante su famoso viaje a bordo del *Beagle*.

→ Alfred Russel Wallace encontró a unos escarabajos de patas largas (*Euchirus longimanus*) carcomiendo las remolachas azucareras en Indonesia, una de las ubicaciones en las que observó indicios que respaldaban la teoría de la evolución por selección natural. Los machos tienen unas patas anteriores increíblemente largas que utilizan para luchar contra otros machos.

ORÍGENES ANTIGUOS

Los antepasados de los escarabajos modernos, o protocoleópteros, se parecían a los megalópteros modernos (moscas de dobson, peces mosca y siálidos) y algunos neurópteros (hormigas león, crisopas y moscas búho), pero tenían unas alas anteriores duras. Los protocoleópteros aparecieron en el registro fósil durante el Carbonífero (hace unos 327 millones de años) y desaparecieron en el Triásico medio.

Coleopsis archaica, el fósil de escarabajo más antiguo que se conoce, fue descubierto en unos yacimientos del Pérmico Inferior (hace unos 285 millones de años). Este y otros coleópteros primitivos se distinguen de sus antepasados protocoleópteros por sus cuerpos más planos, duros y compactos, así como por sus patas y antenas más cortas. Sus élitros carecían de venación y se ajustaban perfectamente sobre el cuerpo.

Los cuatro subórdenes extintos de escarabajos (arcostemados, mixófagos, adéfagos y polífagos) ya estaban presentes a mediados del Triásico (hace unos 235 millones de años). La diversificación de la mayoría de los linajes de escarabajos modernos pertenecientes a estos subórdenes alcanzó su punto máximo durante el Triásico y el Jurásico. A finales del Jurásico (hace unos 151 millones de años), existían todos los principales linajes que se conocen actualmente por encima del nivel de la familia.

↓ La extinta familia de los †Tshekardocoleidae incluye algunos de los fósiles de escarabajos más antiguos de que se tiene constancia, que se remontan al Pérmico.

Fósiles que presentan otras estructuras además de élitros son † *Sylvacoleus sharovi* (izquierda) y † *Moravocoleus permianus* (derecha).

→ La primitiva familia de los cupédidos, comúnmente conocidos como escarabajos reticulados, está representada por 8 géneros y 37 especies que se encuentran en todo el mundo, 4 de las cuales viven en Norteamérica. *Tenomerga cinerea* se encuentra en los bosques de madera noble de Ontario, Canadá y del este de Estados Unidos.

FOSILIZACIÓN

L os fósiles de escarabajos conservados en dos dimensiones consisten básicamente en élitros comprimidos y otros fragmentos, o sus impresiones, hallados en capas de roca sedimentaria. Aunque han perdido la mayor parte de sus estructuras moleculares y colores originales, los fósiles de compresión conservan las finas estructuras de los antiguos escarabajos a través de los residuos de carbono. Los fósiles de impresión presentan moldes de la forma del escarabajo, con un nivel de detalle que depende de la calidad física del sedimento del entorno. Los subfósiles (restos no sustituidos por minerales) conservados en yacimientos recientes (entre 23 millones de años y unos 11000 años atrás) de sedimentos fluviales, turba y asfalto a menudo incluyen especies de escarabajos que aún existen.

FÓSILES EN 3D

Los escarabajos antiguos también se encuentran en el interior de masas petrificadas de savia conocidas como ámbar o copal. Las inclusiones en tres dimensiones de los escarabajos y otros organismos se conservan con extraordinario detalle, a menudo con partes de sus colores y tejidos originales, incluyendo trozos de detalles subcelulares como el ADN, en buena medida intactas. Los cuerpos de los escarabajos petrificados que se han hallado en el interior de las concreciones a veces han sido sustituidos en parte o totalmente por minerales y se conservan con gran fidelidad.

Mediante unos escáneres sofisticados, los científicos descubrieron unos fósiles de escarabajos bastante bien preservados en el interior de unos coprolitos (excrementos fósiles de dinosaurios) de 230 millones de años de antigüedad. El estudio de las heces de dinosaurio petrificadas y las inclusiones de escarabajos en tres dimensiones arroja luz sobre los hábitos alimentarios insectívoros de los dinosaurios y la evolución de los escarabajos anterior al ámbar.

VESTIGIOS ANTIGUOS

Los icnofósiles son los que más revelan acerca de la vida de los antiguos escarabajos. Se han encontrado los característicos nidos subterráneos de los escarabajos coprófagos —que incluyen cámaras donde ponen los huevos—, junto con nidos de dinosaurios herbívoros y sus coprolitos.

«EL NUEVO ÁMBAR»

Hasta hace poco, el estudio de escarabajos del Triásico se basaba en fósiles planos que conservaban varios caracteres útiles para su clasificación. Mediante la microtomografía de rayos X basada en el sincrotrón para examinar la composición de los coprolitos del Triásico, los científicos descubrieron fósiles de escarabajos diminutos conservados en tres dimensiones. Llamado «el nuevo ámbar», los residuos de los alimentos de los dinosaurios que albergan fósiles incrustados de escarabajos representan una emocionante nueva frontera para ser descubierta. Esto ayuda a arrojar luz sobre la evolución durante un período geológico anterior al ámbar, y ofrecen pistas acerca de la ecología alimentaria de dinosaurios insectívoros.

↓ Un escarabajo *Apion* (Brentidae) preservado en un ámbar del Báltico de 50 millones de años de antigüedad.

Los escarabajos y los restos de otros organismos preservados en ámbar se denominan inclusiones.

EL REGISTRO FÓSIL

Los insectos son uno de los grupos de animales más extendidos y abundantes en la Tierra y su registro fósil se remonta al Devónico Superior (hace unos 400 millones de años). Debido a la rigidez de sus exoesqueletos, especialmente de sus élitros endurecidos, los escarabajos son uno de los insectos mejor representados en el registro fósil que abarca los siete continentes. Los cuatro subórdenes extinguidos de coleópteros constan en el registro fósil, que incluye muestras conservadas de casi un 70 por ciento de todas las familias conocidas, tanto extinguidas como existentes.

TENDENCIA HACIA EL NORTE

La mayoría de los yacimientos fósiles de escarabajos conocidos se sitúan en el hemisferio norte, un hecho atribuible a la intensa exploración y los numerosos estudios en Europa y Norteamérica, donde se sentaron las bases de las investigaciones paleoentomológicas. Algunos de los yacimientos más ricos y conocidos están en China, Alemania, Rusia y Estados Unidos. Las regiones áridas de todo el mundo que han experimentado elevaciones geológicas suelen presentar lechos fósiles que han quedado expuestos por la erosión y/o una vegetación escasa. Es probable que la falta relativa de fósiles en el hemisferio sur se deba a que los yacimientos han quedado cubiertos por la vegetación tropical.

ÁMBAR CONTRA ZONAS LACUSTRES

La mayor parte de los fósiles de escarabajos se han conservado en forma de inclusiones resinosas o selladas en depósitos sedimentarios asociados a varias masas de agua. Los depósitos de ámbar o lacustres son especialmente abundantes y diversos. Los depósitos lacustres que datan del Pérmico (hace 300-252 millones de años) son los más ricos en escarabajos fósiles. Están asociados con antiguos lagos y márgenes marinos y conservan la mayoría de los especímenes. Los fósiles conservados en antiguos depósitos lacustres que se remontan a finales del Pérmico permiten dilucidar las tendencias macroevolutivas de los coleópteros.

El número relativamente pequeño de escarabajos que se han conservado en ámbar se remonta al Cretácico Inferior (hace 145-100 millones de años). Aunque la conservación está mucho más extendida que en otros tipos de fosilización, las inclusiones de escarabajos en ámbar son relativamente recientes y no desvelan los primeros estadios de la evolución de los escarabajos. Casi todo el ámbar que se originó en el Mesozoico (hace 252-66 millones de años) y la mayor parte del Cenozoico (hace 66 millones de años hasta la actualidad) procede de las coníferas. El mayor depósito de ámbar del mundo se encuentra a lo largo de la costa meridional del mar Báltico y es probable que se originara a partir de pinos. Los depósitos de ámbar dominicano, también conocidos aunque más recientes, se formaron con savia de leguminosas.

EDAD

La edad geológica de los escarabajos y otros organismos fosilizados, con independencia de su preservación, se calcula a partir de las capas circundantes de roca, o estratos, y otros fósiles asociados de los que se conoce la edad. Los geólogos analizan la desintegración radiactiva que se produce de forma natural en elementos concretos como el potasio para determinar las edades de los estratos del Mesozoico y el Cenozoico y otros elementos geológicos.

↓ Este fósil del Eoceno (hace 56-35 millones de años) de *Pulchrituda attenboroughi* (Chrysomelidae) presenta unos élitros poco comunes.

DATACIÓN POR RADIOCARBONO

Para determinar la edad de los fósiles con menos de 50 000 años de antigüedad se suele emplear la datación por radiocarbono. Los organismos absorben carbono de sus alimentos y del entorno, como el isótopo radioactivo carbono 14. Su absorción se detiene tras la muerte y el carbono radiactivo que contiene se descompone a una velocidad predecible. Las mediciones proporcionan un cálculo estimado de cuánto lleva muerto un organismo. La cantidad de carbono 14 que puede ser absorbida varía geográficamente y a lo largo del tiempo. Los resultados de la datación por carbono 14 deben ser calibrados con otros datos de distintas fuentes, como árboles y sedimentos de lagos y océanos, estalagmitas y corales.

RECONSTRUCCIÓN FILOGENÉTICA

Aristóteles (384-322 a.C.) fue el primero en reconocer a los escarabajos como un grupo que se caracteriza por tener élitros. En 1758, Carl von Linné (1707-1778) incorporó el concepto aristotélico de coleópteros en la clasificación que hizo de los animales. Su clasificación y otras de principios del siglo XIX se organizaron a partir de la similitud física. Hacia mediados del siglo XIX, las clasificaciones de los escarabajos y otros organismos se empezaron a llevar a cabo de una forma más lineal, donde unos taxones representaban formas inferiores o más primitivas, y les seguían aquellos taxones considerados superiores o más avanzados.

NUEVA SÍNTESIS

Durante la primera mitad del siglo XX, las clasificaciones de escarabajos se elaboraron con el uso extendido de una amplia variedad de sistemas de caracteres. La venación y plegado de las alas, los genitales masculinos y la morfología de las larvas se incorporaron en los estudios sistemáticos de los escarabajos, en un intento por obtener clasificaciones genealógicas que reflejaran verdaderamente sus relaciones evolutivas. Durante este tiempo, a partir de ingentes cantidades de datos morfológicos, se identificaron los primeros tres de los cuatro subórdenes de coleópteros (arcostemados, adéfagos y polífagos).

CLADÍSTICA

En 1950, el especialista en moscas alemán Willig Hennig (1913-1976) publicó *Grundzüge einer Theorie der phylogenetischen Systematik* («Fundamentos de una teoría de la sistemática filogenética»). En esta obra revolucionaria, reconoció que los caracteres ancestrales (plesiomorfias) no sugieren un parentesco, mientras que unos caracteres avanzados o derivados compartidos (sinapomorfias) sí que sugieren relaciones evolutivas. Su método filogenético tan riguroso se conoce actualmente como *cladística*. La reconstrucción de esquemas de ramas filogenéticas deriva de unos análisis cladísticos de los atributos físicos, bioquímicos, conductuales y zoogeográficos de los escarabajos modernos, así como las peculiaridades estructurales y la distribución de los fósiles.

↑ Los ciervos volantes (Lucanidae), como el *Lucanus cervus* europeo, están emparentados con los Scarabaeidae. Los machos a menudo poseen unas enormes mandíbulas, como en la imagen.

CLADOGRAMAS

Los análisis cladísticos se utilizan para reconstruir las relaciones evolutivas en un cladograma. La disposición de las ramas de los cladogramas simbolizan estas relaciones hipotéticas y sirven como guías para elaborar clasificaciones con taxones agrupados por sus novedosos caracteres compartidos o sinapomorfías. Los élitros son una característica sinapomórfica principal que se encuentra en la mayoría de los escarabajos adultos, aunque, durante la evolución, se han perdido en algunas especies, sobre todo en las hembras. Atendiendo a su edad y diversidad geológica, los escarabajos albergan abundantes datos morfológicos y moleculares que tal vez algún día revelen las causas y los correlatos de la diversificación.

MAESTROS DE LA ADAPTACIÓN

En el pasado, algunas hipótesis sobre la diversidad de los coleópteros se han centrado en sus características morfológicas y de desarrollo únicas, junto con su coevolución con las angiospermas, como principales motores de su éxito evolutivo. Investigaciones actuales identifican la edad geológica de los escarabajos, asociada a sus bajas tasas de extinción y características fisiológicas clave, como importantes factores coadyuvantes.

EDAD Y TASAS DE EXTINCIÓN BAJAS

El éxito evolutivo de los escarabajos se debe, en parte, a sus orígenes anteriores al Cretácico y a la longevidad de numerosos linajes modernos del Jurásico. Son claves los numerosos cambios entre varios linajes de escarabajos que han pasado de terrestres a acuáticos. Se suelen usar análisis de fósiles más antiguos para deducir tendencias evolutivas, mientras que los fósiles pertenecientes al Plioceno y Pleistoceno (entre 5 millones y

ESPECIFICIDAD ALIMENTARIA DE LAS PLANTAS

Las investigaciones genómicas que examinan la interacción de los genes de los escarabajos entre ellos y con su entorno, junto con investigaciones sobre sus fisiologías digestivas, sugieren una hipótesis alternativa a la idea de los genes prestados. Los antiguos escarabajos que se alimentaban de plantas y dependían de las bacterias y los hongos de sus intestinos para hacer la digestión empezaron a desarrollar mecanismos independientes. Con la ayuda de enzimas digestivas esenciales adquiridas por transferencia horizontal de genes desde las bacterias y los hongos, los escarabajos herbívoros digirieron los tejidos vegetales con más eficiencia. La aparición de las angiospermas y sus tejidos novedosos contribuyó a la diversidad de escarabajos fitófagos, como muestra la evolución de la extracción de hojas y tallos, la perforación de la madera y otros comportamientos de consumo de plantas altamente especializados.

11000 años atrás) ofrecen mejores datos a nivel de especie. Representados en su mayoría por géneros y especies modernos, estos yacimientos son testimonio de la resiliencia y longevidad de las especies de escarabajos.

MORFOLOGÍA Y DESARROLLO

Pequeños y con capacidad para volar, los antiguos escarabajos salvaban grandes distancias en busca de alimento y compañeras para aparearse, huir de los depredadores y explorar nuevos hábitats. La innovación evolutiva de unos élitros perfectamente ajustados permitió una mayor protección para sus alas y abdomen. Asimismo, dio lugar a una cámara sellada, la denominada cavidad subelitral, que proporcionó un aislamiento a los escarabajos y un lugar donde almacenar oxígeno en el caso de las especies acuáticas.

La evolución del desarrollo holometábolo en los escarabajos y otros insectos se caracteriza por unos adultos y unas larvas con hábitos y requisitos ecológicos notablemente distintos. El holometabolismo no tan solo reduce de forma eficaz la competencia entre los adultos y su descendencia, sino que también hace que las especies se adapten mejor a climas con diversas estaciones marcadas por unas temperaturas o precipitaciones fluctuantes.

REVISIÓN DE LA INTERRELACIÓN ENTRE EL ESCARABAJO Y LA PLANTA

Se creyó que la «interrelación escarabajo-planta», que empezó a finales del Mesozoico (hace unos 66 millones de años), es uno de los principales factores que explican la diversidad de los escarabajos. Se creía que la diversidad cada vez mayor de las plantas con flor comportó la radiación evolutiva de los escarabajos fitófagos, ya que estos desarrollaron cada vez más especializaciones alimentarias con la contribución de microorganismos simbióticos para ayudarlos con la digestión de distintos tejidos vegetales. Pero apenas había pruebas directas de un vínculo coherente entre las plantas con flor y la diversificación de los escarabajos. Indicios actuales sugieren que los linajes de escarabajos más modernos en los niveles de series y superfamilias alcanzaron su apogeo durante el Triásico y el Jurásico, antes de que aparecieran las angiospermas.

← Es posible secuenciar para un estudio filogenético el ADN mitocondrial extraído de los tejidos de las patas de los escarabajos procedentes de antiguos ejemplares de museo y subfósiles.

EL PASADO INFORMA
DEL PRESENTE Y EL FUTURO

Los análisis cladísticos de escarabajos incorporan caracteres moleculares y morfológicos, así como otros conjuntos de datos, y como las peculiaridades estructurales y distribuciones de sus restos fosilizados. Esta investigación ayuda a revelar los factores evolutivos que contribuyeron a la extraordinaria diversidad de los escarabajos. Además, cambios en la distribución y composición de las especies preservadas en el registro fósil durante épocas de variabilidad climática pueden proporcionar indicaciones sobre cómo las poblaciones de escarabajos modernas reaccionarán a condiciones semejantes en el Antropoceno, una unidad no oficial de tiempo geológico que se inició cuando los humanos empezaron a tener una influencia significativa en el entorno.

Por desgracia, el récord fósil existente es incompleto y hay mucho trabajo por hacer. Nuestro conocimiento sobre los escarabajos prehistóricos se basa en gran parte en fósiles procedentes del hemisferio norte. Yacimientos recientemente descubiertos en otras partes del mundo sin duda aportarán ejemplares que pondrán en entredicho nuestras suposiciones actuales sobre la filogenia de los escarabajos. A estas cabe añadir los innumerables ejemplares de especies modernas ya expuestos en museos de todo el mundo que aguardan ser analizados y descritos. Falta tiempo para tantos escarabajos.

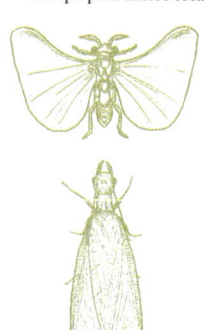

← Los insectos estrepsípteros (superior) y neuropteroides (inferior) están considerados los parientes vivos más próximos a los escarabajos y se suelen utilizar como grupos externos en los análisis cladísticos que buscan desarrollar hipótesis acerca de las relaciones evolutivas de los principales linajes de coleópteros.

→ Se han propuesto varias filogenias que hacen hipótesis sobre las relaciones evolutivas de los subórdenes de coleópteros. A medida que mejoren las técnicas de muestreo de genes, se analizarán mayores conjuntos de datos que perfeccionarán las hipótesis actuales sobre la edad geológica y las relaciones evolutivas de los escarabajos.

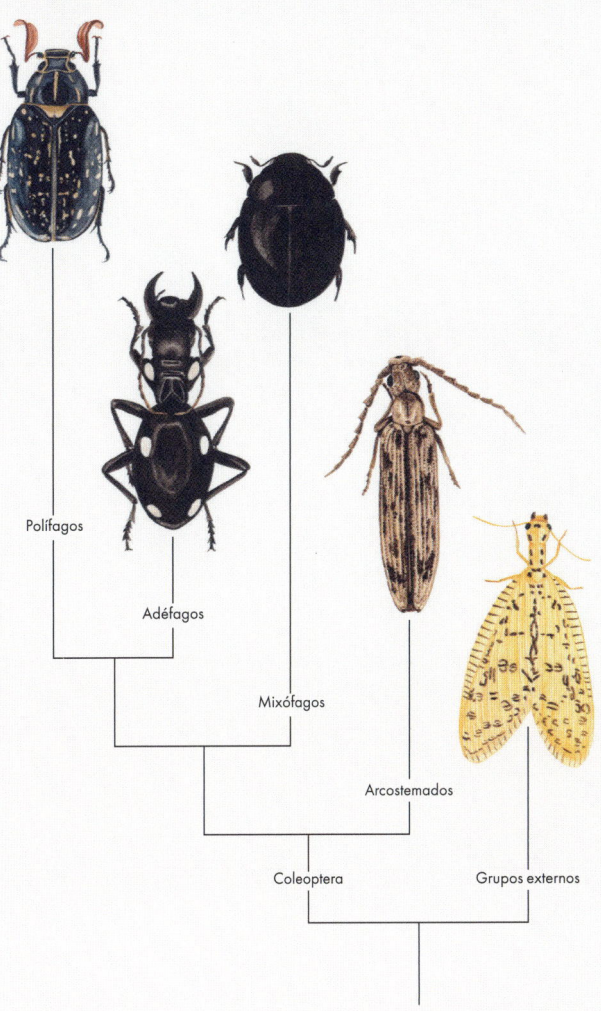

Polífagos

Adéfagos

Mixófagos

Arcostemados

Coleoptera

Grupos externos

ORDEN EN EL CAOS

Desde Aristóteles, los humanos han intentado entender la diversidad biológica poniendo nombre a los organismos y clasificándolos a partir de sus atributos físicos, entre otros. Esta forma de ordenar la naturaleza se denominó taxonomía, un término derivado de las palabras griegas *taxis*, u «ordenamiento», y *nomos*, que significa «ley». En resumen, la taxonomía es el sistema que empleamos para archivar la diversidad biológica. La taxonomía implica identificar, nombrar, describir y clasificar los escarabajos y otros organismos en un sistema de categorías jerárquicas, los taxones. Idealmente, una especie de escarabajo se establece a partir de un grupo o población de individuos que se reproducen entre ellos y que comparten una historia evolutiva singular. Cada especie se distingue de sus parientes más próximos por una única combinación de características morfológicas, conductuales, distributivas, ecológicas y bioquímicas. Especies similares se agrupan en otros taxones (géneros, tribus, familias, etc.) que reflejan sus relaciones evolutivas.

La taxonomía forma parte de un esfuerzo más ambicioso conocido como sistemática que busca entender la diversidad e interrelaciones de los organismos a partir de su historia evolutiva compartida, o filogenia.

↓ Dos especies de escarabajos que mencionó el filósofo griego Aristóteles en su *Historia de los animales,* escrita en el siglo IV a. C. son el *kantharos* (*Scarabaeus sacer*), que se muestra a la izquierda, y el *kleros* (*Trichodes apiarus*), a la derecha.

→ Aristóteles también mencionó al *melolontha* (*Melolontha melolontha*), conocido hoy en día como escarabajo sanjuanero. Los adultos de esta especie europea salen en primavera. Prefieren poner los huevos en los campos. Las larvas se alimentan de raíces y se convierten en crisálida en tres o cuatro años.

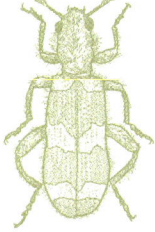

DESCIFRAR EL ÁRBOL DE LA VIDA DE LOS ESCARABAJOS

L inneo (Linné) fue el artífice de la clasificación sistemática de los escarabajos y otros organismos, y para ello empleó solo dos palabras, o un binomio: el género y el epíteto específico. El conjunto de ambas, escrito en cursiva y con el género en mayúscula inicial, constituye el nombre científico formal, un identificador único reconocido en todo el mundo.

EL CÓDIGO

Se asignan nombres procedentes del latín o el griego conforme a las normas que establece el Código Internacional de Nomenclatura Zoológica, conocido como el «Código». Incluye criterios para la formación y viabilidad de los nombres científicos para los escarabajos y otros animales, la publicación de estos nombres y sus descripciones en la bibliografía científica y el uso posterior de nombres científicos propuestos convenientemente en publicaciones futuras. Los nombres científicos van seguidos del apellido de la persona que describió la especie. Cuando una especie ya descrita se traslada a otro género, se pone el nombre del autor entre paréntesis para indicar una nueva combinación. El Código establece que se nombre un holotipo, el ejemplar en que se basa la descripción de una nueva especie, para tener un registro físico de esta especie.

LA HIPERDIVERSIDAD DE LOS ESCARABAJOS

Con casi 400 000 especies que constituyen alrededor de un 25 por ciento de la diversidad animal en la Tierra, los escarabajos son un clado monofilético hiperdiverso en el árbol de la vida. Una filogenia de escarabajos sólida es básica para comprender los procesos subyacentes a su éxito evolutivo. Aunque se acepten la existencia de los cuatro subórdenes extintos de escarabajos examinados en las siguientes páginas, aún hay bastante controversia acerca de las interrelaciones entre ellos y los correspondientes linajes.

ESTABLECER UNA JERARQUÍA

↑ Carl von Linné creó una taxonomía moderna (véase página 28).

Identificar y nombrar a los escarabajos son solamente los primeros pasos hacia la elaboración de una clasificación que nos ayuda a almacenar y recuperar información, así como a entender las relaciones evolutivas. A partir de sus características compartidas, las especies de escarabajos se ordenan en primer lugar en géneros; los géneros, en subtribus; las subtribus, en tribus; las tribus, en subfamilias; las subfamilias, en familias; las familias, en superfamilias, y las superfamilias, en subórdenes, todos ellos clasificados en el orden de los coleópteros. Las subtribus (-ina), tribus (-ini), subfamilias (-inae), familias (-idae) y superfamilias (-oidea) son algunos de los taxones que han aceptado sufijos de forma universal.

HOMOLOGÍAS

Idealmente, las clasificaciones de los escarabajos no se establecen a partir de la semejanza, sino de unos caracteres derivados compartidos conocidos como sinapomorfías. Estas se basan en el examen de caracteres homólogos compartidos. Los caracteres homólogos se identifican por su semejanza en el aspecto, así como la ubicación y la función. Compartir sinapomorfías implica una base genética común, y, de este modo, una historia evolutiva común entre las especies que poseen estas sinapomorfías. Las clasificaciones basadas en las sinapomorfías poseen un valor predictivo porque pueden facilitar pistas acerca de las cualidades de taxones menos conocidos a partir de sus parientes más próximos.

CLASIFICACIONES NATURALES

Se denomina cladística el método filogenético por el que los caracteres de los taxones son analizados para desarrollar hipótesis sobre las relaciones evolutivas basadas en sinapomorfías. Los análisis cladísticos incluyen el examen de características físicas, la distribución, el comportamiento, los fósiles y la embriología, así como el ADN. Los resultados de los análisis cladísticos están expresados gráficamente en forma de diagrama de árbol, o cladograma. Los grupos de ramas, o clados, compuestos de antepasados hipotéticos y sus descendientes son monofiléticos. Las clasificaciones basadas en los clados monofiléticos evidencian nuestra hipótesis acerca de las relaciones naturales o evolutivas de los taxones examinados.

ARCOSTEMADOS

El suborden de los arcostemados es un reducido grupo de coleópteros que comprende 45 especies extintas de las familias Cupedidae (extendida), Ommatidae (neotropical, australiana), Micromalthidae (neoártica, neotropical) y Crowsoniellidae (paleártica). Los arcostemados alcanzaron su máxima diversidad durante el Mesozoico, en el momento en que Cupedidae, Ommatidae y Micromalthidae aparecieron en el Paleártico.

La biología y ecología de la mayoría de los arcostemados sigue siendo un misterio en gran medida. Las larvas que se conocen son largas y delgadas, con seis patas cortas y asociadas a coníferas y frondosas con hongos. Los Cupedidae y Ommatidae adultos a veces sienten atracción hacia la luz. No se poseen conocimientos sobre Crowsoniellidae, aparte de tres únicos especímenes adultos de la especie *Crowsoniella relicta* que se encontraron limpios de tierra debajo de un castaño en Italia. El ciclo vital de los Micromalthidae, representado por una única especie, *Micromalthis debilis*, es de lo más singular y uno de los más complejos que se conocen de todos los escarabajos. Estas larvas, que presentan dos formas de reproducción asexual, desempeñan, al parecer, un papel clave en la propagación de las especies.

↓ El arcostemado *Omma stanleyi* (Ommatidae) es un «fósil viviente» que se encuentra bajo la corteza de los eucaliptos en el este de Australia.

↓ *Crowsoniella relicta* lleva el nombre de uno de los expertos en coleópteros más notorios del siglo xx, Roy A. Crowson (1914-1999).

→ Es muy poco habitual encontrar adultos de *Micromalthus debilis* (Micromalthidae). Esta especie, que está extendida por el este de Estados Unidos, también está presente en la Columbia Británica, California, Belice y otras partes del mundo, probablemente a consecuencia del comercio.

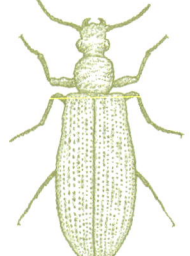

MIXÓFAGOS

L os mixófagos fueron los últimos de los cuatro subórdenes de escarabajos propuestos y están formados por unas 120 especies clasificadas en cuatro pequeñas familias, que son Lepiceridae (neotropicales), Torrindincolidae (afrotropical, neotropicales), Sphaeriusidae (todos los continentes excepto la Antártida) e Hydroscaphidae (afrotropicales, neoárticos, neotropicales, orientales, paleárticos). A pesar de su tamaño relativamente pequeño, este suborden posee un papel crucial en la aclaración de historia evolutiva de los coleópteros.

Los mixófagos se caracterizan porque son de pequeño tamaño, se alimentan a base de algas y suelen preferir hábitats higropétricos. La especie más grande mide 2,7 mm de largo, pero la mayoría de las especies son mucho más pequeñas. Las especies higropétricas suelen habitar las finas capas de agua que cubren rocas, algas y plantas acuáticas que se hallan en riachuelos y ríos, en especial en climas cálidos y húmedos. Los adultos y las larvas ocupan los espacios intersticiales en arena y gravilla húmeda a lo largo de los ríos, filtraciones cubiertas de algas y orillas de riachuelos, o zonas húmedas asociadas a cascadas. A veces también se encuentran adul-

FAMILIA DE LOS ESCARABAJOS: SPHAERUSIDAE

Las 22 especies de Sphaerusidae son de las más pequeñas y menos estudiadas de los mixófagos. Estas especies higropétricas se distinguen básicamente por su tamaño y los relieves de su superficie, pero estudios moleculares recientes sugieren que es probable que existan especies crípticas con características externas similares. Rara vez se capturan ejemplares y poco se conoce sobre su historia natural o distribución. A partir de comparaciones de *Sphaerius* actuales con dos géneros extintos (*Bezesporum* y *Burmasporum*) en ámbar birmano de 99 millones de años de antigüedad, se sabe que Sphaerusidae ha conservado su morfología y hábitos ribereños durante al menos 100 millones de años. Por tanto, los escarabajos del género *Sphaerius* podrían ser considerados fósiles vivientes especializados.

tos en asociación con escombros de inundaciones o entre lechos de hojas tropicales a cierta distancia del agua.

Se conocen ejemplos de larvas de todas las familias de mixófagos, salvo de Lepiceridae. Las larvas de los mixófagos son pequeñas y planas, y poseen unas branquias espiraculares. Es probable que todas estas características estén asociadas con su preferencia por los hábitats higropétricos. La densa disposición de los músculos y otras estructuras, junto con la forma y tamaño inusuales de la cabeza, probablemente evolucionaron debido a sus dimensiones tan pequeñas. Su elevado grado de miniaturización frustró unos primeros intentos dirigidos a examinar sus órganos internos por disección y secciones en serie. Por suerte, el uso de reconstrucciones en tres dimensiones generadas por ordenador finalmente permitió a los investigadores desarrollar descripciones detalladas de sus características internas.

← *Hydroscapha natans* (Hydroscaphidae) es un escarabajo acuático que vive en arbustos de algas a lo largo de riachuelos fríos y manantiales calientes del oeste de Norteamérica y el colindante México.

ADÉFAGOS

Los adéfagos son un antiguo grupo de escarabajos con un registro fósil que se remonta a principios del Triásico o finales del Pérmico. Este suborden incluye aproximadamente 45 000 especies de las familias Haliplidae, Gyrinidae, Noteridae, Meruidae, Aspidytidae, Amphizoidae, Hygrobiidae, Dytiscidae, Trachypachidae, Cicindelidae y Carabidae.

Los adéfagos adultos y larvas son en su mayoría depredadores, aunque algunos grupos no son cazadores. Los halíplidos larvarios mordisquean algas, mientras que los carábidos Rhysodinae consumen mohos mucilaginosos y algunos carábidos harpalinos se alimentan de semillas.

La mayoría de las familias de adéfagos viven en todos los principales reinos zoogeográficos, salvo la Antártida. Sin embargo, varias familias tienen distribuciones relictuales (es decir, que antes estaban más extendidas). Así, por ejemplo, Amphizoidae, representado por solo cinco especies del género *Amphizoa*, se sabe que viven exclusivamente en el oeste de Norteamérica, en el centro y el este de China, y en Corea del Norte. *Hygrobius*, el único género de Hygrobiidae, comprende seis especies que están distribuidas de forma irregular en el oeste y el este del Paleártico, así como en toda Australia. Las dos especies conocidas de Aspidytidae, *Aspidytes niobe* y *Sinaspidytes wrasei*, habitan en Sudáfrica y China, respec-

---

MERU PHYLLISAE

El único miembro de Meruidae, *Meru phyllisae*, es la especie más pequeña de los adéfagos acuáticos. Estos escarabajos fueron descubiertos en 1985 en Venezuela, pero no se describieron científicamente hasta 2005. Desde entonces se han encontrado pocos escarabajos y se sabe poco de su biología. Con menos de un milímetro de largo, estos escarabajos de color marrón claro viven en las orillas de una cascada de aguas rápidas que forma una película de circulación lenta sobre un lecho de roca granítica. Esta formación rocosa forma parte del Escudo Guayanés, una región conocida por su biodiversidad, hábitat de especies que solo se hallan allí.

↑ El hábitat de *Amphizoa insolens* (Amphizoidae) se extiende desde Alaska hasta el sur de California, al este hasta *Alberta* y Wyoming; el género también se encuentra en Asia.

tivamente. La única especie de Meruidae, *Meru phyllisae*, vive en el sur de Venezuela. Trachypachidae están representados solo por dos géneros. Tres de las cuatro especies de *Trachypus* viven en el oeste de Norteamérica, mientras que la cuarta se encuentra en el Paleártico. Ambas especies de *Systolosoma* se hallan en el centro y el sur de Chile.

Con características tanto de los adultos como de las larvas, la monofilia de los adéfagos es incuestionable. Según el hábitat, los escarabajos adéfagos se pueden clasificar en dos grupos, *Geadephaga* (Trachypachidae, Cicindelidae, Carabidae), terrestres, y el resto de *Hydradephaga*, acuáticos, pero estudios filogenéticos recientes no apoyan la monofilia de ninguno de los dos grupos.

POLÍFAGOS

Con más de 335 000 especies, los polífagos son el mayor suborden de escarabajos. Fue el primer suborden reconocido de los coleópteros y actualmente está compuesto por 191 familias. Casi dos tercios de todos los escarabajos conocidos pertenecen a tan solo ocho familias de polífagos, que son Staphylinidae (unas 55 000 especies), Curculionidae (unas 51 000), Chrysomelidae (unas 37 000), Cerambycidae (unas 35 000), Scarabaeidae (unas 32 000), Tenebrionidae (unas 20 000), Buprestidae (unas 15 000) y Elateridae (unas 10 000). Muchas de las especies clasificadas en estas familias son muy conocidas por su gran tamaño, sus llamativos cuernos, sus colores espectaculares, sus comportamientos curiosos y su condición de plaga.

MÁXIMA EXTENSIÓN

Los polífagos se extienden por todos los reinos zoogeográficos, salvo la Antártida, y viven tanto en hábitats terrestres como acuáticos. Estos escarabajos se alimentan de todo tipo de tejidos orgánicos, incluyendo aquellos de plantas, hongos y animales, tanto vivos como muertos. La mayoría de las especies herbívoras consumen raíces, troncos, ramas, tallos, hojas, flores y semillas. Muchas de estas especies son generalistas que se alimentan de una amplia variedad de especies de plantas, mientras que

---

CLASIFICACIÓN, UNA EXPLORACIÓN EN CURSO

Análisis moleculares avanzados de numerosos genes no solamente ayudan a precisar nuestras hipótesis de las relaciones evolutivas, sino que también nos permiten calcular la edad actual de un taxón determinando su punto de divergencia con su pariente más próximo. Estas actividades, junto con la implementación de técnicas cada vez más punteras para examinar y dilucidar sofisticadas estructuras morfológicas de especies tanto modernas como fósiles, seguirán desafiando nuestras suposiciones actuales sobre la clasificación de los coleópteros al nivel de subórdenes y dentro de estos en un futuro próximo.

otras están especializadas en plantas de una sola familia o de un solo género. Algunas especies prefieren la materia vegetal ya descompuesta por hongos y otros microorganismos o bien que haya pasado por los sistemas digestivos de otros animales. Varias familias de polífagos se componen sobre todo de especies con adultos y larvas que se alimentan exclusivamente de tejidos fúngicos, como cuerpos fructíferos y esporas.

DEPREDADORES

La depredación ha experimentado distintas evoluciones. Los adultos y las larvas de algunos cléridos y elatéridos cazan escarabajos barrenadores de la madera y otros insectos. Los cantáridos, o escarabajos soldado, atacan a los áfidos y otros insectos que se alimentan de savia, mientras que las larvas terrestres de las luciérnagas capturan larvas de otros escarabajos, babosas y lombrices de tierra. Los escarabajos adultos que devoran hormigas invadirán los nidos de determinadas especies para ingerir sus larvas. Las larvas de varias familias de escarabajos son parasitoides de las larvas de otros escarabajos, así como de las de abejas y avispas.

LEJOS DE SER CLASIFICADOS

La clasificación de las familias de los polífagos, así como su relación con otros subórdenes, aún se está revisando. Por ejemplo, las especies clasificadas en la familia de Jurodidae al parecer tienen afinidades tanto con los escarabajos primitivos como desarrollados. Conocido a partir de numerosos fósiles y un único ejemplo de una especie viva (*Sikhotealinia zhiltzovae*) que se halló muerta en la ventana de una caseta del bosque en el Extremo Oriente ruso, Jurodidae se distingue de los otros escarabajos por la presencia de tres ocelos (ojos simples) en la cabeza. Situados de forma provisional en los arcostemados, Jurodidae se englobó hace poco con los polífagos debido a la similitud de la venación de sus alas con la de otras especies de polífagos. Como en el caso de su antigua ubicación en los arcostemados, las afinidades de los juródidos con los polífagos son poco claras.

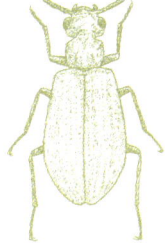

↓ El único espécimen conocido de *Sikhotealinia zhiltzovae* (Jurodidae) se encontró en las montañas de la Sijoté-Alín en el Extremo Oriente ruso.

EL EXOESQUELETO

El exoesqueleto, rígido aunque ligero, protege los órganos internos vitales del escarabajo, a la vez que le proporciona un armazón interno en el que se sustentan sus poderosos músculos. Consiste en una cutícula secretada por la epidermis subyacente que tiene el grosor de una célula. La epidermis contiene células especializadas que forman órganos o glándulas sensoriales que segregan varios compuestos sobre la superficie del exoesqueleto, como una fina capa de cera que repele el agua.

Después de la muda, la suave y pálida cutícula rápidamente se endurece y oscurece como consecuencia de un proceso químico conocido como esclerotización. Los segmentos que conforman la cabeza, el tórax y el abdomen pueden estar o no bien definidos y están compuestos de escleritos, unas placas duras que a veces están delimitadas por unas membranas cuticulares o por unas suturas estrechas en forma de surco.

La superficie externa es lisa y reluciente, o bien ornamentada con trazados muy diversos basados en grietas muy finas, tubérculos elevados en forma de piedrecitas y punciones a modo de cavidades; estas últimas a veces contienen una única seta en forma de pelo o escama.

↓ El europeo *Paederus riparius* y otros escarabajos errantes (Staphylinidae) tienen unos élitros cortos y suelen presentar varios segmentos abdominales.

↓ Como muchos curculiónidos, el gorgojo europeo *Archarius salicivorus* (Curculionidae) posee un pico largo y fino.

→ Los patrones de color de los escarabajos tigre (Cicindelidae) ayudan a su termorregulación y a camuflarse. Aunque son llamativos en el suelo, los colores rojo, azul y verde metálicos de *Cicindela chinensis japonica* de Japón pueden ayudarle a esquivar aves depredadoras o moscas de la familia de los asílidos cuando vuelan.

COLORES Y PATRONES

Los colores de los escarabajos son básicos para la búsqueda de pareja, el camuflaje, la termorregulación y la defensa. Los colores y patrones ayudan a las especies diurnas a reconocerse como posibles parejas. Los escarabajos que se tornan de un marrón apagado y con escamas negras son difíciles de distinguir sobre la corteza de los árboles. Los escarabajos negros del desierto, de la familia de Tenebrionidae, absorben la energía solar para poder desplazarse los días de invierno cálidos, mientras que sus homólogos de color blanco reflejan la luz del sol para combatir el calor del desierto. Los escarabajos con llamativos tonos negros y rojos o amarillos alertan a posibles depredadores de sus defensas químicas, o se mimetizan como insectos tóxicos para protegerse.

↓ El reluciente escarabajo tortuga de oro (*Charidotella sexpunctata,* de la familia de Chrysomelidae) vive en una extensa zona del este de Estados Unidos.

TINTES

Los colores proceden de pigmentos o se crean a partir de propiedades físicas de la cutícula. Los compuestos a base de pigmentos absorben o reflejan distintas longitudes de onda de luz. La melanina que es sintetizada por los escarabajos produce tonalidades de negro y marrón que son más o menos permanentes, mientras que los colores creados por carotenoides de los alimentos (amarillo, naranja, rojo) y otros pigmentos pronto desaparecen tras la muerte. El escarabajo tortuga de oro (*Charidotella sexpunctata*) temporalmente cambia de color, del rojo brillante o el naranja dorado al dorado reluciente moviendo el pigmento en el interior de la cutícula. Sus colores metálicos pasajeros son producidos por la luz que se refleja de los receptáculos de pigmento líquido en el interior de la cutícula.

BRILLO

Los tonos iridiscentes y metálicos son producidos por las propiedades físicas del exoesqueleto que dispersan la luz. La iridiscencia a menudo se crea por estructuras de superficie ordenada tales como escamas o nanoestructuras de capas en el interior de la cutícula que reflejan los colores intensos y varían en función del ángulo de visión. Los escarabajos que lucen estos colores deslumbrantes a menudo cuestan de ver en sus entornos naturales.

LA CABEZA

Sostenidas sobre unos cuellos flexibles y membranosos y hundidas en parte o por completo en el protórax, las cabezas de los escarabajos están provistas de dos estructuras vitales: unos ojos compuestos y antenas.

LOS OJOS

Los ojos compuestos, que a veces tienen forma de riñón, están cubiertos con lentes de múltiples caras. Cada lente hexagonal se asienta sobre un omatidio tubular que contiene un cono, seguido de un grupo de células fotorreceptoras, o rabdoma, rodeadas de cromatóforos, que reflejan la luz. La luz que entra por las lentes y el cono y llega hasta el rabdoma estimula los cromatóforos de alrededor, y al final se transmite al cerebro en forma de impulso eléctrico. Cada lente «ve» una parte de una escena completa. Cuanto mayor es el número de lentes que reciben luz en cada ojo, mayor es la agudeza visual del escarabajo. Una luz abundante, junto con unos omatidios adaptados a la luz, proporciona a los escarabajos diurnos una buena resolución visual. Las especies nocturnas con ojos adaptados a la oscuridad son capaces de ver en ambientes con niveles bajos de luz, pero esta configuración sacrifica la agudeza visual general. Los escarabajos que viven en cuevas oscuras y otros hábitats subterráneos a menudo tienen varios omatidios o bien carecen de ellos y son completamente ciegos.

Los girínidos (escarabajos pirinola) viven en estanques y charcas de arroyos y poseen unos ojos compuestos que están divididos por una franja de cutícula (*canthus*). Las partes superiores de sus ojos están adaptadas para ver en el aire, las inferiores dentro del agua. Además de los ojos

---

MACHOS CON CUERNOS

Las cabezas de algunos machos, de los escarabeidos en concreto, están ornamentadas con unos cuernos que actúan como pinzas, púas, palancas o palas. Se utilizan para defender los alimentos y las zonas de anidación atractivas para las hembras de machos rivales.

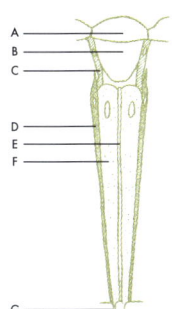

← El omatidio es la estructura visual básica de los escarabajos y otros insectos y consta de: (A) córnea, (B) cono cristalino, (C-D) cromatóforos, (E) rabdoma, (F) células fotorreceptoras, (G) nervio óptico.

compuestos, algunos adultos poseen un ojo simple, u ocelo, en la parte de delante de la cabeza, entre los ojos compuestos.

LAS ANTENAS

Las antenas son los órganos principales del olfato y el tacto que posee un escarabajo. De formas distintas, están situados entre los ojos compuestos y las mandíbulas, y suelen constar de tres partes fundamentales: el escapo, el pedicelo y el flagelo. Cada antena suele poseer 11 segmentos que se conocen como *antenómeros*. Algunas especies tienen 10 o menos antenómeros, mientras que varias especies puede que tengan por lo menos 12 antenómeros. Los machos a menudo presentan unas antenas más largas o más sofisticadas que las hembras, una forma de dimorfismo. Un mayor desarrollo de las antenas en los machos no solo está asociado a unas mejores capacidades sensoriales para localizar hembras por el olor, o feromona sexual, sino que también se relaciona a veces con la vigilancia de hembras mientras ponen los huevos.

LAS PIEZAS BUCALES

Las piezas bucales de los escarabajos suelen constar de un hipostoma, un par de mandíbulas y maxilares, y un labio. Las mandíbulas están modificadas para cortar tejidos vegetales y animales, moler esporas y polen, o extraer los nutrientes de varios líquidos. Las mandíbulas de algunas especies, sobre todo en los machos, son grandes. Estas mandíbulas no son órganos para la digestión, sino armas en batallas campales con machos rivales, por lo que desempeñan un papel crucial en la reproducción. Junto con los maxilares y el labio, forman un par de palpos flexibles a modo de dedos que ayudan a los escarabajos a localizar y manipular el alimento. Las piezas bucales para masticar de los gorgojos a menudo se sitúan en un largo pico a modo de trompa. Los gorgojos hembra emplean esta estructura para abrir una cavidad en el fondo de los tejidos vegetales, donde pueden depositar sus huevos, lejos del peligro.

EL TÓRAX

El tórax, formado por tres segmentos, alberga unas patas poderosas y los músculos de las alas. El primer segmento torácico, el protórax, contiene las patas anteriores y puede estar provisto, en la parte dorsal, de cuernos o tubérculos, tener forma de una pala de excavadora. Las alas anteriores modificadas, o élitros, y las patas centrales están adheridas al mesotórax, mientras que las alas traseras membranosas y las patas traseras están sujetas al metatórax. Los segmentos meso- y metatorácicos quedan ocultos por los élitros.

LAS ALAS

Los élitros endurecidos o en forma de concha son alas mesotorácicas modificadas que cubren en parte o totalmente el abdomen en reposo y actúan como estabilizadores durante el vuelo. Sus superficies tienen relieves muy variados. Debajo de ellos se sitúan las alas traseras metatorácicas. Cuando son funcionales, las alas traseras casi siempre son más largas que los élitros. Las venas a modo de bisagras permiten doblar las alas traseras por debajo de los élitros cuando no las utilizan.

ESCARABAJOS «ALAS DE PLUMAS»

Los escarabajos de la familia *Ptiliidae* son los más pequeños que se conocen. Sus alas con franjas de pelo y finas o en forma de palas parecen las de las avispas de la familia *Mymaridae*. A diferencia de estas, los escarabajos *Ptiliidae* pueden plegar y desplegar sus alas. Para plegarlas, utilizan unos parches especiales con microrrelieves situados en sus terguitos abdominales. Para desplegarlas, precisan una proteína elástica, la resilina, que les permite extender unas secciones curvas, o bien aumentan la presión sanguínea en las venas principales de las alas. El estudio de los patrones y mecanismos del plegado y desplegado de las alas de Ptiliidae podría orientar en el diseño de robots voladores en miniatura.

↑ Los individuos machos de *Chalcosoma atlas* (Scarabaeidae), del sureste asiático, poseen unos cuernos cefálicos y protorácicos, a diferencia de las hembras.

LAS PATAS

Cada pata está anclada a una cavidad a modo de fosa por debajo del tórax por su coxa, la primera de las seis partes de que se componen las patas. La coxa está articulada con un pequeño trocánter que suele estar fijado al fémur, grande y musculoso. Le sigue una tibia relativamente larga y delgada que a menudo está modificada en las patas traseras con extensiones a modo de rastrillo para excavar. El tarso, que comprende hasta cinco tarsómeros, puede presentar unas almohadillas adhesivas o con pelos debajo que ayudan a agarrarse en las superficies resbaladizas, como las de las plantas o los élitros de las parejas. Cada pata termina en el pretarso, un segmento que suele incorporar un par de zarpas, aunque algunos escarabajos peloteros carecen de tarsos en las patas anteriores. En especies sexualmente dimórficas, las patas de los machos y las hembras a veces difieren en la estructura y/o longitud.

EL ABDOMEN

E l abdomen de un escarabajo suele constar de diez segmentos; los dos últimos están modificados de formas muy distintas como órganos reproductores y no son visibles por fuera. El ovipositor, un tubo largo usado para depositar los huevos, es típico de las hembras que ponen los huevos a gran profundidad en el suelo o tejidos vegetales. Los ovipositores cortos y robustos se suelen encontrar en especies que adhieren sus huevos a diversas superficies. Los órganos reproductores masculinos a menudo son estructuras esclerotizadas características que poseen un valor considerable en la identificación de especies.

Los ocho segmentos abdominales en forma de anillo restantes consisten en un escleríto dorsal y ventral. Los escleritos dorsales son los terguitos. Suelen ser finos y flexibles, pero son más gruesos y más rígidos en los escarabajos con élitros cortos. El último terguito es el pigidio. Los escleritos ventrales se denominan esternitos. Cuando son visibles externamente, los esternitos reciben el nombre de ventritos. Los orificios respiratorios, o espiráculos, están situados en los costados del abdomen dentro de la membrana que separa los terguitos y los ventritos o cerca de ella.

↓ Las larvas planas y redondas de color amarronado de *Psephenus herricki* (Psephenidae) y de otros escarabajos de la misma familia parecen pequeñas monedas segmentadas.

↓ El cuerno del escarabajo rinoceronte europeo macho (*Oryctes nasicornis*), de la familia de los escarabeidos, ya es visible en el estadio de pupa.

→ Una vista dorsal y ventral de *Derobrachus forreri* (Cerambycidae), de Norteamérica: (A) mandíbula, (B) ojo compuesto, (C) antena, (D) pronoto, (E) coxa central, (F) élitro, (G) fémur posterior, (H) ventrito, (I) tibia posterior, (J) tarso posterior, (K) garra posterior.

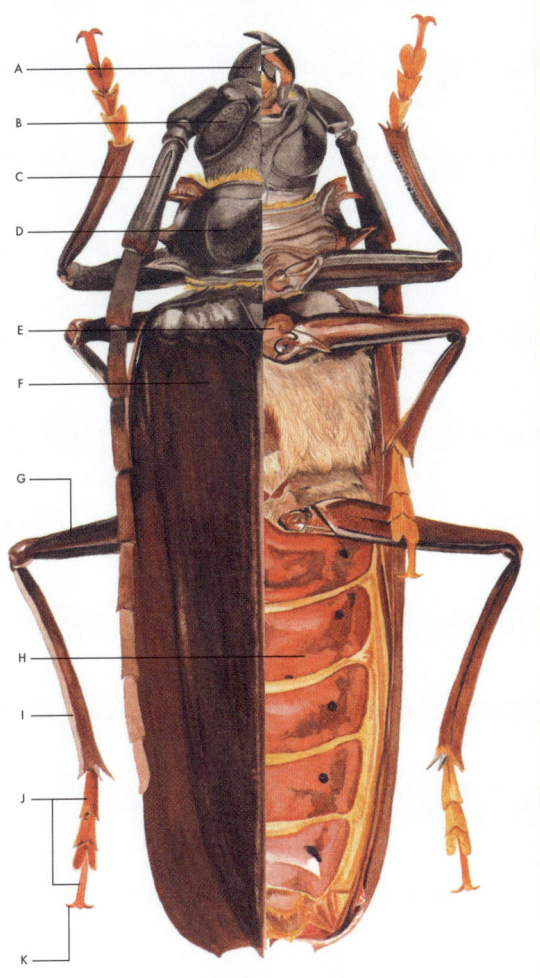

HUEVOS, LARVAS Y PUPAS

Los huevos de los escarabajos suelen ser lisos y suaves, pero algunos presentan un relieve característico y una cáscara dura. Esta, conocida como corion, es permeable al oxígeno, aunque los huevos de algunas especies presentan unos orificios especializados que reciben el nombre de aeropilos. Todos los huevos tienen micropilos, unos orificios diminutos situados, en su mayoría, en un extremo del corion por el que el esperma se introduce para ser fertilizado. El número de micropilos varía de una especie a otra y dentro de una misma especie.

MÁQUINAS DEVORADORAS ASEXUADAS

Las larvas tienen unas cabezas características, con unas piezas bucales para triturar, moler o despedazar. Algunas larvas voraces poseen unas piezas bucales en forma de hoz para perforar a su presa e inyectarle enzimas que licuan los tejidos y órganos de la víctima, y luego usan las mismas piezas bucales para absorber los fluidos. En lugar de ojos compuestos, las larvas de los escarabajos suelen tener un par o varios pares de ojos simples (estemmata) a cada lado de la cabeza, si bien algunas larvas carecen de ojos. Las antenas de la mayoría de los escarabajos consisten en tres segmentos simples. Los escarabajos acuáticos (*Hydrophilus*) usan sus antenas afiladas y puntiagudas junto con sus mandíbulas para cortar los insectos que capturan.

LAS PUPAS DE LOS ESCARABAJOS

Las pupas de los escarabajos suelen ser exaradas y décticas. Carecen de unas mandíbulas funcionales (adécticas) y poseen unos apéndices no adheridos (exaradas) al cuerpo. Las pupas a menudo presentan unos músculos abdominales funcionales que les permiten cierto movimiento. En algunas especies, segmentos abdominales opuestos tienen unos dientes especiales, o filos cortantes, conocidos como trampas, que de forma defensiva apresan los apéndices de pequeños depredadores artrópodos como hormigas y ácaros.

El tórax de las larvas está formado por tres segmentos muy similares, y puede que el primero de ellos tenga una placa dorsal engrosada. Las patas, si hay, presentan un máximo de seis segmentos, pero a menudo esta cifra es mucho menor o es inexistente.

La mayoría de las larvas poseen un abdomen segmentado en nueve o diez partes. Los abdómenes suaves y flexibles permiten una rápida expansión mientras la larva se alimenta y reduce el número de veces en que debe mudar su exoesqueleto. Algunas larvas terrestres sin patas poseen unas protuberancias carnosas en su abdomen para adherirse al desplazarse por la tierra o la madera. Las larvas acuáticas pueden tener unas branquias abdominales simples o ramificadas en los costados o en el vientre. Los abdómenes de muchas larvas de escarabajos terminan en dos extensiones cortas, fijas o segmentadas, los urogonfos.

LA FORMAS DE LAS LARVAS

Las larvas eruciformes de las mariquitas y algunos escarabajos de las hojas son lentas y presentan un aspecto similar a las orugas. Las larvas gruesas en forma de C escarabeiformes de Scarabaeidae y sus parientes presentan unas cabezas bien diferenciadas y unas patas muy desarrolladas para hurgar en la tierra y la madera podrida. A pesar de sus patas, las larvas de los escarabajos de las flores (Scarabaeidae) suelen desplazarse boca arriba. Las larvas de los escarabajos elatéridos, así como las de muchos escarabajos tenebriónidos, son elateriformes y poseen unos cuerpos largos y esbeltos con las piernas cortas y exoesqueletos duros. Las larvas robustas sin patas de los gorgojos son consideradas vermiformes por su parecido con los gusanos. Las larvas campodeiformes de los carábidos, girínidos, ditíscidos, hidrofílidos y estafilínidos son largas y planas, y se caracterizan por unas patas largas. Las larvas queloniformes de los psefénidos suelen ser ovaladas, están segmentadas y se parecen a las tortugas, mientras que las larvas similares a cochinillas de algunos sílfidos se conocen como onisciformes. Las larvas de los escarabajos fusiformes son anchas por la parte central y se estrechan por los extremos.

→ Las larvas del escarabajo acuático *Hydrophilus* (Hydrophilidae) son depredadores voraces de insectos y otros invertebrados, así como de renacuajos y pequeños peces.

HOLOMETABOLISMO

Los escarabajos, las mariposas, las polillas, las hormigas, las abejas, las avispas, las moscas, las pulgas y todos sus parientes desarrollan holometabolismo. Comúnmente conocido como metamorfosis completa, el desarrollo holometábolo se caracteriza por cuatro estadios: huevo, larva, pupa y adulto. Cada uno de ellos está adaptado a una serie concreta de factores medioambientales que aumenta las posibilidades de que un escarabajo crezca de manera adecuada, en especial en climas templados. La mayoría de los adultos y sus larvas llevan vidas en gran parte independientes, lo que limita la competencia interespecífica por el alimento y el espacio.

Aunque es considerada una de las innovaciones evolutivas clave que han motivado la increíble diversidad de escarabajos y otros insectos, actualmente existe poco consenso acerca de cómo o por qué evolucionó el holometabolismo. Mientras que la idea de que el holometabolismo permite que una única especie ocupe múltiples nichos y emplee diferentes recursos es, sin duda, atractiva, apenas arroja luz sobre los mecanismos selectivos que motivaron su evolución, incluyendo el singular desarrollo de la pupa en cierto sentido inactiva y meramente transformativa.

↓ Las pupas de la mayoría de los escarabajos son adécticas (carecen de mandíbulas funcionales) y exaradas, es decir, que sus apéndices están libres.

↓ La mayoría de los escarabajos se reproducen sexualmente y deben aparearse antes de que puedan producir y poner huevos viables.

→ El ciervo volante europeo (*Lucanus cervus*, de la familia Lucanidae) pone huevos en la madera en descomposición. Las larvas pasan por tres estadios antes de convertirse en crisálida dentro de una envoltura de tierra y recubierta por el interior con secreciones intestinales. Los adultos viven por lo menos un año en cautividad.

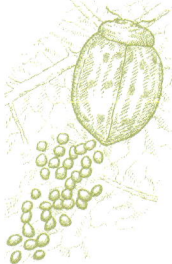

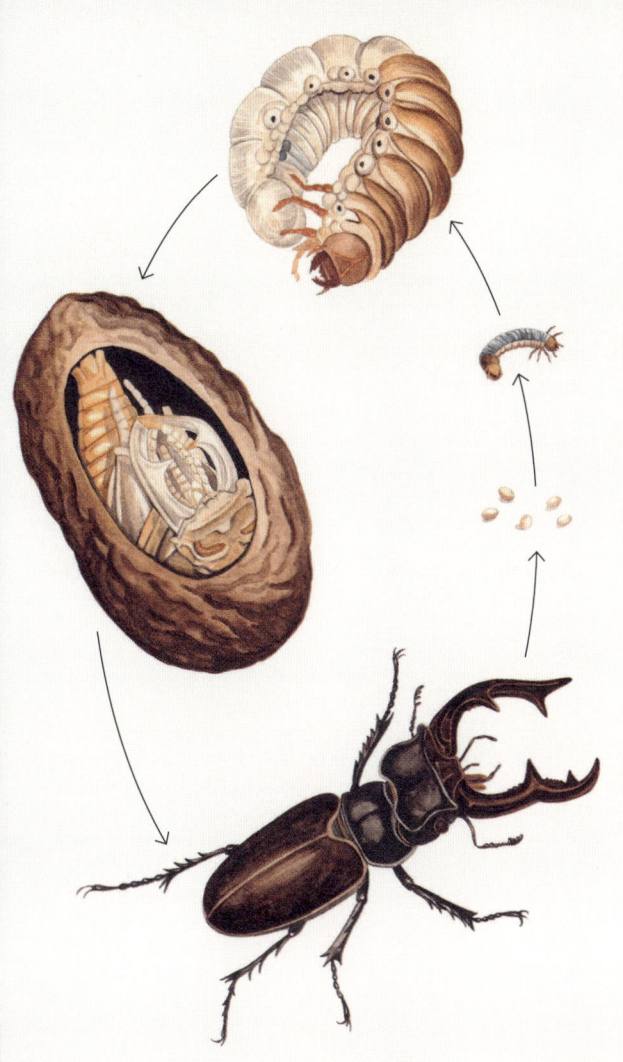

CRECIMIENTO

Al nacer, la mayoría de las larvas de escarabajo empiezan a alimentarse casi de inmediato y crecen rápidamente. El crecimiento y el desarrollo están controlados por unas complejas interacciones hormonales reguladas por un sistema endocrino compuesto por células neurosecretoras del sistema nervioso central y glándulas endocrinas especializadas. Altos niveles de hormona juvenil liberada en la hemolinfa por los cuerpos alados inhiben el desarrollo de estructuras adultas, mientras que unas mayores cantidades de ecdisteroides de las glándulas protorácicas provocan la muda y el crecimiento.

MUDA

Al unísono, los niveles fluctuantes de hormonas juveniles y ecdisteroides desencadenan la reorganización de tejidos y el desprendimiento del exoesqueleto o muda. El exoesqueleto antiguo es sustituido por una versión renovada más amplia que es segregada por una capa subyacente de las células epidérmicas. La fase entre cada muda larvaria se denomina estadio. La mayoría de las especies pasan por un número concreto de estadios (de tres a cinco). Las larvas de los escarabajos histéridos tan solo pasan por dos

---

HIPERMETAMORFOSIS

Las especies parásitas sufren una forma especial de holometabolismo conocido como hipermetamorfosis. Así, las larvas de los escarabajos parásitos de las cigarras, los meloidos y los ripifóridos se caracterizan por tener dos o más formas larvarias bien diferenciadas. Las del primer estadio, conocidas como triungulino, que son activas y poseen unas largas patas, están adaptadas para buscar el huésped adecuado. Una vez que lo han localizado, la larva triungulino se transforma en una forma larvaria más sedentaria con una patas cortas y gruesas. Luego se convierte en una larva gruesa sin patas que acaba desarrollándose en una más activa, con las patas cortas, que se pasa la mayor parte del tiempo preparando una cámara pupal.

estadios, mientras que las de algunos escarabajos derméstidos pueden llegar a pasar por
siete. En la zona occidental de Norteamérica,
los escarabajos de la lluvia (*Pleocoma*) pueden
pasar a más de doce estadios.

PUPACIÓN

Al mismo tiempo que una reducción de la hormona femenina al inicio de la pupación, unos
niveles más altos de ecdisteroides estimulan el
principio de la diferenciación estructural. Los
tejidos y órganos larvarios que antes se dedi-
caban a alimentarse y crecer son reestructurados
para ejercer funciones de apareamiento y repro-
ductivas. Sin unas piezas bucales y unos apéndices funcionales, las crisálidas de los escarabajos
no se alimentan y son en su mayoría sésiles. No
obstante, algunas especies pueden flexionar sus
abdómenes solo un poco, en ocasiones como

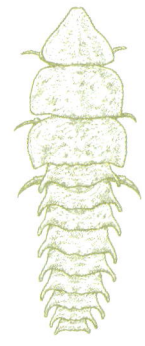

↑ Las hembras larviformes
de *Dulticola* (Lycidae)
se conocen comúnmente
como escarabajos
trilobites por su parecido
a los artrópodos marinos
que se extinguieron ya
hace mucho tiempo.

un método de defensa limitado. Algunos investigadores sugieren que la
pupa procede de una fase larvaria final, mientras que otros creen que es
un preadulto modificado.

Las luciérnagas y algunas larvas de estas (conocidas como gusanos de
luz) pasan por un estadio de pupa modificado. En estas especies, las
hembras adultas presentan un aspecto muy similar al último estadio
larvario y se denominan larviformes. Las hembras larviformes suelen
presentar unos élitros reducidos, o bien no tienen. Estos adultos sin alas se
distinguen de las larvas externamente por la presencia de ojos compuestos,
e, internamente, por sus órganos reproductores.

ECLOSIÓN

La necesaria combinación del momento, la temperatura y la precipitación es
lo que hace salir al adulto de la crisálida (eclosión). Los exoesqueletos enseguida empiezan a endurecerse y oscurecerse mientras sufren la esclerotización, un proceso químico similar al curtido de la piel. Los escarabajos
adultos plenamente desarrollados nunca volverán a mudar y pronto esta-
rán preparados para aparearse y reproducirse.

DIGESTIÓN

L os tractos digestivos de los escarabajos están adaptados para ingerir y procesar los alimentos. Las especies que consumen tejidos animales ricos en nutrientes no necesitan el largo y sinuoso intestino que requieren los escarabajos herbívoros para extraer las materias vegetales. Como el de la mayoría de los insectos, el tracto digestivo de los escarabajos se divide en tres regiones funcionales: el tracto digestivo superior, el tracto digestivo medio y el tracto digestivo inferior.

TRACTO DIGESTIVO PROXIMAL: ENTRADA

El tracto digestivo superior es donde tiene lugar la ingesta, la trituración mecánica y el almacenamiento temporal de los alimentos. Estos, cortados y triturados o machacados por las mandíbulas, son transportados al esófago por unos poderosos músculos cibariales y faríngeos, a veces con la ayuda de saliva. El esófago se suele extender hasta una gran bolsa de almacenaje, el buche. Detrás, se encuentra el proventrículo, una válvula que controla los alimentos que entran en el tracto digestivo medio y, en el caso de los escarabajos terrestres depredadores y gorgojos que se alimentan de plantas, actúa como un órgano que muele alimentos.

TRACTO DIGESTIVO MEDIO: ABSORCIÓN

El tracto digestivo medio produce y segrega enzimas digestivas, absorbe nutrientes y transporta los restos de alimentos y desechos hasta el tracto digestivo posterior. En el interior de la cavidad abdominal hay unos túbulos de Malpighi en forma de gusanos que intervienen en la excreción y la osmorregulación. Estos órganos excretores ciegos nacen cerca de la unión del tracto digestivo medio y distal, y extraen agua y desechos de la hemolinfa. Para la digestión, algunos escarabajos cuentan con la ayuda de microorganismos simbióticos que viven en el tracto digestivo medio.

TRACTO DIGESTIVO DISTAL: GESTIÓN DE LOS DESECHOS

El contenido restante del tracto digestivo medio atraviesa la válvula pilórica antes de acceder al tracto digestivo distal. En él, el agua, las sales y otros minerales son absorbidos antes de la eliminación de las heces por el recto y, finalmente, por el ano.

LA FUNCIÓN DE LAS BACTERIAS SIMBIÓTICAS

En los escarabajos y otros insectos holometábolos, las bacterias simbióticas pueden estar integradas en su morfología o fisiología (simbiontes obligados) o no (simbiontes facultativos). Las larvas del escarabajo longicornio y de los escotilinos, que se alimentan de madera, dependen de las bacterias simbióticas fijadoras de nitrógeno para compensar la baja calidad nutritiva de sus dietas ricas en carbohidratos. Otras especies dependen de sus simbiontes bacterianos para la gestión y la eliminación de toxinas. El escarabajo barrenador del café (*Hypothenemus hampei*) posee unas bacterias facultativas en el intestino que descomponen la cafeína, que resulta perjudicial, mientras que las bacterias del gorgojo de las judías (*Callosobruchus maculatus*) ayudan a eliminar la toxicidad de los pesticidas.

↓ Este *Carabus auratus* (Carabidae), un escarabajo depredador, está atacando a una lombriz de tierra.

SENTIDOS

Los escarabajos perciben el mundo que los rodea con la ayuda de unos receptores extraordinariamente sensibles situados en varias estructuras de la superficie, en especial en sus cabezas. El complejo sistema nervioso de los escarabajos integra estímulos externos con información fisiológica externa para generar una amplia variedad de comportamientos.

NEUROLOGÍA BÁSICA

El sistema nervioso de los escarabajos consiste en el sistema nervioso visceral o autónomo, el sistema nervioso periférico y el sistema nervioso central (SNC). El sistema nervioso visceral inerva el intestino, los órganos endocrinos y reproductores, y el sistema traqueal. El sistema nervioso periférico conecta los músculos con el SNC y el sistema nervioso visceral, así como las estructuras cuticulares sensoriales que reciben estímulos visuales, químicos, táctiles y térmicos del entorno inmediato del escarabajo.

El SNC es la división básica del sistema nervioso y consiste en una serie de agrupaciones de nervios, o ganglios, que están conectados por pares de cordones de nervios ventrales, denominados conectivos. En el interior de la cabeza están el cerebro y el ganglio subesofágico. El cerebro inerva los órganos sensitivos principales (ojos, antenas) y recibe señales de todas las partes del cuerpo, mientras que el ganglio subesofágico inerva las piezas bucales.

EN SU MAYORÍA, SORDOS

La capacidad para oír no es habitual entre los coleópteros, pero algunos escarabajos tigre y dinastinos (escarabajos rinoceronte) poseen unas estructuras similares a orejas que pueden percibir los ultrasonidos, incluso las frecuencias que emiten los murciélagos por ecolocación. Los escarabajos tigre (Cicindelidae) poseen un par de membranas timpánicas abombadas encima de su primer segmento abdominal, mientras que los escarabajos del arroz (Scarabaeidae) tienen las «orejas» en la membrana del cuello, detrás de la cabeza.

LOS OJOS

La mayoría de los escarabajos poseen un par de ojos compuestos que los ayudan a orientarse y a evitar el peligro. Los escarabajos peloteros utilizan el sol, la luna y la Vía Láctea para mantenerse en el camino correcto. Gracias a sus ojos voluminosos, los escarabajos tigre diurnos cuentan con una visión binocular que les permite calcular la distancia de la presa. Las larvas del escarabajo buceador de manchas amarillas (*Thermonectus marmoratus*) no tan solo cuentan con una visión de lejos y de cerca debido a la disposición de sus ojos simples, o estemata, sino también con percepción de profundidad.

↑ Las superficies en forma de abanico de las antenas del macho del género *Polyphylla* poseen muchas estructuras para detectar el olor que desprenden las hembras.

LAS ANTENAS

Órganos básicamente del olfato y el tacto, las antenas de los escarabajos son pares de apéndices que poseen unos receptores especiales para encontrar alimento y detectar las feromonas. Los machos suelen presentar unas antenas más largas o más sofisticadas que parecen abanicos o plumas, unas modificaciones que aumentan la superficie de que disponen las estructuras sensoriales. Las antenas de algunos carábidos y estafilínidos a veces tienen unas estructuras en forma de peine que usan para cepillar sus patas y pies. Durante el cortejo, los escarabajos macho de la familia Meloidae (carralejas) emplean sus antenas para agarrar las de su pareja. Los girínidos se valen de las antenas para detectar ondas generadas por insectos que se han quedado atrapados en la superficie del agua, pero no se ha podido demostrar la hipótesis sobre su capacidad para orientarse por ecolocación.

LAS PIEZAS BUCALES

Los palpos asociados al maxilar y el labio de los escarabajos funcionan como receptores del tacto y el gusto. Los extremos de estos pares de estructuras suelen ser membranosos tanto en adultos como en larvas, y contienen unos receptores cortos que se cree que están asociados con el gusto. En algunos escarabajos, estas estructuras están muy modificadas, lo que sugiere que podrían tener otras funciones sensoriales. Cuando cazan, los escarabajos del género *Cychrus* apoyan sobre la tierra sus largos palpos para detectar el rastro de babas de su presa, los caracoles.

LOCOMOCIÓN

La movilidad y la fuerza de los escarabajos se deben a pares antagonistas de músculos internos fijos en las diversas partes del exoesqueleto contra el que se mueven. Los adultos poseen unos exoesqueletos cuticulares rígidos, mientras que sus larvas de cuerpo blando se caracterizan por un esqueleto hidrostático con apariencia turgente debido a los miles de músculos entrecruzados que forman la pared del cuerpo, que presionan contra un volumen fijo de hemolinfa dentro de la cavidad corporal.

PROEZAS HERCÚLEAS

Los escarabajos son increíblemente forzudos en relación con su tamaño. Así, por ejemplo, el escarabajo pelotero cornudo macho (*Onthophagus taurus*), que mide tan solo 10 mm de longitud, puede levantar hasta 1141 veces su propio peso; lo que equivale a un hombre de estatura media levantando a seis autobuses de dos pisos llenos de viajeros. Los escarabajos peloteros macho se valen de la fuerza para expulsar a los machos rivales de los túneles subterráneos ocupados por una hembra.

ESCARABAJOS ACUÁTICOS

La locomoción en los escarabajos acuáticos está dominada por las fuerzas de resistencia, flotación, viscosidad y superficial. Mientras que la mayoría de las especies se mueven en entornos acuáticos nadando a través del agua o arrastrándose sobre las plantas sumergidas y otros sustratos, otras se valen de las fuerzas cohesivas de las moléculas del agua en la interfaz agua-aire. Los girínidos son conocidos por cómo utilizan la superficie del agua. Recientemente, se han observado pequeños escarabajos hidrofiloideos moviéndose poco a poco y descansando en la parte inferior de la superficie del agua. Entender los mecanismos que permiten esta actividad podría ayudar al desarrollo de adhesivos y robótica acuáticos.

AGILIDAD

Las patas y las alas son impulsadas por músculos que están concentrados en el tórax. Mediante la relajación y contracción de pares de músculos asociados con patas modificadas de formas muy diversas, los escarabajos pueden andar, correr, trepar, cavar o nadar al mismo tiempo que buscan alimento y pareja. Mientras que estas formas de desplazarse son válidas para cubrir distancias cortas, el poder del vuelo aumenta sus capacidades para dispersarse por zonas más extensas.

AEROTRANSPORTADOS

Antes de emprender el vuelo, los escarabajos levantan sus élitros para liberar las alas membranosas plegadas debajo. Las alas rápidamente se expanden cuando aumenta la presión sanguínea dentro de la red de venas. Una vez en el aire, los élitros funcionan como estabilizadores, mientras que las alas actúan de planos aerodinámicos que proporcionan a los escarabajos capacidad de maniobra y, a la vez, las cualidades aerodinámicas necesarias para mantenerlos en el aire.

← Este escarabajo joya *Chrysina gloriosa* (Scarabaeidae), del sudoeste de Estados Unidos y el vecino México, emprende el vuelo.

INTERCAMBIO DE GASES

El intercambio de oxígeno y dióxido de carbono se produce gracias a un sistema interno de tubos ramificados llenos de aire que se denomina tráquea. El sistema traqueal, que se extiende por todo el cuerpo, proporciona oxígeno directamente a los órganos y tejidos internos y expulsa el dióxido de carbono. El oxígeno entra en el sistema traqueal a través de unos espiráculos con válvula, unos orificios situados a los lados del cuerpo. El dióxido de carbono generado por procesos metabólicos celulares es expulsado del organismo a través de la tráquea y los espiráculos.

En los escarabajos acuáticos, el intercambio de gases se realiza manteniendo los espiráculos en contacto con el aire. Los hidrofílidos (escarabajos acuáticos carroñeros) y los ditiscidos (escarabajos buceadores depredadores) suelen salir a la superficie para rellenar las burbujas que tienen atrapadas bajo sus cuerpos o élitros, respectivamente. Los escarabajos de los rápidos (Elmidae) y los escarabajos acuáticos de garras (Dryopidae) que habitan en aguas poco profundas bien oxigenadas respiran a través del plastrón. Sus cuerpos, envueltos por una densa, aterciopelada e impermeable protuberancia hidrófuga, están siempre protegidos por una fina capa de aire, el plastrón. El oxígeno disuelto del agua de su alrededor se esparce en el interior del plastrón mientras sale el dióxido de carbono.

← Una burbuja expuesta temporalmente en los ápices elitrales de un escarabajo buceador depredador (Dytiscidae) atrae oxígeno disuelto del agua.

↙ Los espiráculos abdominales de las larvas del escarabajo rinoceronte asiático, *Oryctes rhinoceros* (Scarabaeidae), se aprecian claramente a lo largo del abdomen.

→ Mediante una tomografía microcomputerizada, el sistema traqueal del escarabajo de la harina adulto, *Tenebrio molitor* (Tenebrionidae), se puede visualizar y agrupar en áreas funcionales o módulos. El módulo cefaloprotorácico está representado en amarillo, mientras que los módulos torácicos y abdominales se muestran en rojo y verde, respectivamente.

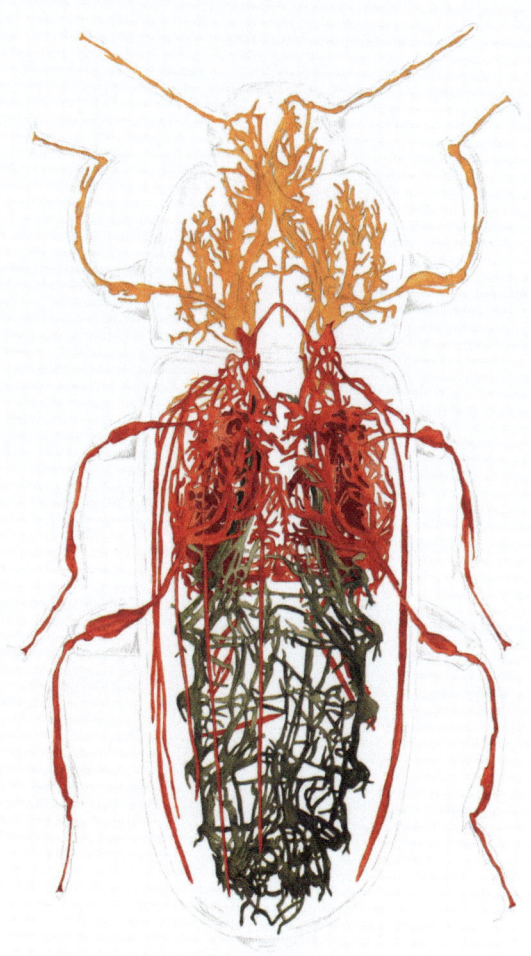

EL SISTEMA REPRODUCTOR

La mayoría de los escarabajos deben reproducirse sexualmente. La estructura básica y función de los sistemas reproductores de los escarabajos son similares a las de los vertebrados. Los testículos del macho producen esperma en el interior de unas cápsulas denominadas espermatóforos, mientras que los ovarios de la hembra producen huevos. Durante la cópula, los machos depositan los espermatóforos directamente en el interior de la hembra introduciendo los órganos reproductores similares al pene en su tracto genital. Se cree que estos órganos con una forma tan sofisticada se corresponden específicamente con la vagina de las hembras de la misma especie. Este encaje único, junto con las feromonas y conductas específicas de la especie, son como una cerradura con llave, y se considera que evita que los escarabajos se apareen con la especie equivocada.

Además del esperma, el espermatóforo también contiene otros compuestos y nutrientes vitales. Las hembras albergan el esperma en una glándula especial, la espermateca. El esperma que esta libera fecunda los huevos maduros cuando salen de los ovarios y, por último, del cuerpo a través del ovipositor, el conducto utilizado para depositar los huevos.

↓ Esta estructura de los órganos reproductores del macho, especialmente los parámeros, a menudo es considerada diagnóstica y es útil para distinguir especies muy emparentadas. La ilustración muestra tres vistas distintas de los parámeros de *Pentodon idiota* (Scarabaeidae).

→ Los machos y hembras de los escarabajos hércules (*Dynastes hercules*, de la familia Scarabaeidae) se preparan para aparearse. Esta especie de escarabajos, que es una de las más fáciles de reconocer en el mundo, se encuentra desde el sur de México hasta el norte de Sudamérica, y también en varias islas del Caribe.

71

CORTEJO Y APAREAMIENTO

La mayoría de los escarabajos se reproducen sexualmente e invierten mucho tiempo y energía en buscar parejas y copular. Cada especie presenta varios comportamientos específicos que han evolucionado para ayudar a sincronizar los sexos tanto en el momento como en el lugar, como la bioluminiscencia, la competencia intrasexual y las feromonas.

LUCES EN MARCHA

La bioluminiscencia en las luciérnagas es tanto un elemento disuasorio para no convertirse en alimento como una forma de comunicación sexual. Presente en todos los estadios vitales, advierte a los depredadores de su sabor amargo. Los adultos usan sus luces como medio de comunicación sexual. La señal de luz que emite cada especie es única y se expresa como un brillo continuo o una serie de destellos discretos y precisos en el tiempo.

La bioluminiscencia en las luciérnagas se debe a una reacción química en la que intervienen el calcio, el trifosfato de adenosina, la luciferina y la enzima luciferasa en presencia de oxígeno. El trifosfato de adenosina (ATP) proporciona energía. El oxígeno llega hasta unas células especiales productoras de luz denominadas fotocitos a través de la tráquea. Controlada por el sistema nervioso, la cantidad de oxígeno, junto con el óxido nitroso, la octopamina y el peróxido de hidrógeno, afectan al color, al brillo y a la duración de la luz. Muy poca energía se pierde en forma de calor, por lo que la luz de una luciérnaga es fría.

ELIGEN ELLAS

Estudios sobre los sistemas de apareamiento de insectos se han centrado en cómo los machos consiguen parejas. Los escarabajos rinocerontes japoneses macho (*Trypoxylus dichotomus septentrionalis*) participan en batallas, pero su conducta estridulatoria y la producción de hidrocarbonos cuticulares sugieren que las hembras podrían elegir al macho a partir de sus sonidos y olores.

¿MEJOR CUANTO MÁS GRANDE?

Los escarabajos grandes macho provistos de intrincados cuernos son ejemplos modélicos del sistema de recursos defensivos, una estrategia de la que hacen gala los machos de los géneros *Dynastes* y *Megasoma*. Estos escarabajos utilizan con agresividad su cabeza y sus armaduras protorácicas contra los machos rivales, en especial cuando vigilan heridas en árboles llenos de savia que resultan atractivas para las hembras. En estas batallas sin derramamiento de sangre, es muy probable que los machos más grandes ahuyenten a estos competidores menos dotados y se apareen con hembras cercanas. Sin embargo, machos menos vigorosos también se aparean con éxito evitando confrontaciones con machos más grandes.

↑ Los cascos de los samuráis se inspiran en los escarabajos rinocerontes japoneses macho (*Trypoxylus dichotomus*), de los escarabeidos.

BUENAS FRAGANCIAS

Muchos escarabajos emplean las feromonas para atraer y localizar parejas en distancias largas. Las especies que usan sistemas de apareamiento basados en feromonas a menudo son sexualmente dimórficas, y los machos poseen unas antenas más sofisticadas que las hembras. La mayor superficie de estas antenas proporciona un amplio espacio para los receptores especiales que pueden detectar tan solo unas pocas moléculas de la feromona de la hembra. Una vez detectadas, los machos emprenden el vuelo en zigzag hasta que localizan el rastro de olor de la hembra, y luego siguen la concentración cada vez mayor de las moléculas de feromona hasta la fuente. Las hembras «que llaman» se pueden seguir desde una distancia considerable, incluso cuando están escondidas entre matas de vegetación y un lecho de hojas, o en las entradas de sus nidos.

La cópula suele iniciarse por contacto, pero en algunos escarabajos las primeras conductas de cortejo provocan una receptividad sexual. Así, por ejemplo, los escarabajos hembra del género *Meloe* y algunos escarabajos longicornios o cerambícidos de la subfamilia Lepturinae liberan hidrocarbonos cuticulares de sus élitros que estimulan a los machos para que los acaricien con sus antenas, piezas bucales, patas y genitales. Estos comportamientos estereotípicos ayudan a estos escarabajos a reconocerse unos a otros como parejas apropiadas.

CUIDADO PARENTAL

Se sabe que los sílfidos, los peloteros y escolitinos, entre otros, prepa-ran el nido y los alimentos para garantizar la supervivencia de sus crías. Algunos escarabajos tortuga neotropicales se valen de sus cuer-pos escudo para proteger sus huevos y larvas. Sin embargo, el cuidado parental en la mayoría de los escarabajos se limita a depositar sus huevos uno por uno o en tandas sobre larvas que sirven como alimento o cerca de ellas.

PUESTA DE HUEVOS

Las especies que se alimentan de plantas ponen sus huevos en la base de estas o bien los adhieren a la vegetación. Los escarabajos longicornios ponen sus huevos en rendijas, grietas y heridas en la corteza. Los esca-rabajos acuáticos pegan sus huevos a las plantas, a trozos de madera y a otros objetos sumergidos. Los carroñeros que viven en la tierra ponen los huevos en lechos de hojas, compost, troncos en descomposición, carroña y otras acumulaciones de materia orgánica en descomposición.

EVOLUCIÓN DE LA RELACIÓN PROGENITORES-LARVAS

El cuidado parental es universal entre las especies de escarabajos *Nicrophorus*. Manipulando los niveles de cuidado anteriores y pos-teriores a la incubación, los investigadores observaron una variación considerable entre las especies en cuanto a la dependencia de las larvas y la alimentación parental. El grado de cuidado parental puede deberse a la defensa del cadáver del animal y las crías, lo que finalmente comportó el cuidado ampliado que ofrecía uno de los dos progenitores, o ambos, a sus crías, mientras que el nivel de depen-dencia de estas vendría motivado por una coadaptación de los com-portamientos de los adultos y las larvas. Estudios comparativos que tienen en cuenta las relaciones filogenéticas de los escarabajos enterradores podrían aclarar la evolución de la conducta de los adultos y de las larvas.

↑ Los escarabajos tortuga hembra, *Acromis sparsa* (Chrysomelidae), pueden defender sus larvas de forma más eficaz de los insectos que las larvas parasitoides.

ALIMENTO Y COBIJO

Algunos escarabajos hembra presentan interesantes conductas en cuanto a la puesta de huevos. Así, por ejemplo, los escarabajos joya minadores y los gorgojos introducen sus huevos entre la superficie superior e inferior de las hojas, y de este modo proporcionan tanto alimento como cobijo a sus larvas. Algunos escarabajos terrestres ponen sus huevos en celdas construidas con barro y trozos de vegetación, mientras que los escarabajos de hoja los recubren con sus propios excrementos mezclados con desagradables compuestos químicos para disuadir a los depredadores. Los gorgojos enrolladores de hojas (Attelabidae) ponen sus huevos en una hoja y luego, con las patas y mandíbulas, la enrollan para transformarla en un nido tubular. Los escarabajos longicornios del género *Oncideres* roen un círculo en una rama viva antes de poner un único huevo en el extremo exterior. La rama roída enseguida muere y cae al suelo, con las larvas en su interior, que se alimentan de ella.

COMPORTAMIENTO DE LAS LARVAS

Los escarabajos pasan la mayor parte de sus vidas como larvas sepultadas en tierra y humus, ocultas entre basura y hongos, o perforando madera y otros tejidos vegetales. Pero las larvas de algunos escarabajos de hoja se alimentan de hojas y se camuflan en heces. Los escarabajos que se alimentan de plantas y los carroñeros a veces son considerados plagas.

Las larvas de los adéfagos suelen ser depredadores que atacan a otros insectos e invertebrados. Las larvas de escarabajo parásito de cigarra, meloidos y ripifóridos son parasitoides, que son depredadores altamente especializados que atacan los huevos y las larvas de especies de insectos concretas. Una vez que llegan a la madurez, la mayoría de las larvas de escarabajos buscan un lugar para construir una cámara donde transformarse en crisálida. Las especies acuáticas abandonan el agua para transformarse en crisálida debajo de las rocas y los troncos cercanos. Las especies barrenadoras de la madera perforan hacia la superficie y suelen convertirse en ninfa justo debajo de la corteza. Algunas larvas de escarabajos estafilínidos y gorgojos se transforman en crisálida dentro de un capullo de seda tejido de forma suelta.

↓ Escarabajos *Epicauta vittate* (Meloidae), desarrollados por hipermetamorfosis. En su primer estadio, las larvas reciben el nombre de Tringulinos.

↓ Las larvas carnosas de los escarabajos de la patata (*Leptinotarsa decemlineata*) se alimentan de las hojas de las plantas solanáceas.

→ Al acecho desde sus nidos, las larvas del escarabajo tigre (Cicindelidae) capturan insectos con sus poderosas mandíbulas. Debido a sus ganchos en el lomo, los depredadores tienen difícil extraer las larvas del nido.

ESTRATEGIAS DEFENSIVAS

Los escarabajos presentan modificaciones físicas para defenderse de los depredadores. Así, con la ayuda de almohadillas adhesivas debajo de los tarsos, los escarabajos tortuga se agachan en una hoja para protegerse de las mandíbulas de las hormigas. Los escarabajos tigre dejan atrás a sus enemigos. Los elatéridos echan a volar con un chasquido audible. En el caso de los escarabajos más grandes, simplemente su tamaño, junto con unas mandíbulas fuertes, unos cuernos en forma de tenazas y unas patas fuertes terminadas en unas puntiagudas zarpas, disuadirán a todos los depredadores, excepto a los más hambrientos.

HACERSE EL MUERTO

La tanatosis (que consiste en simular la muerte) es una táctica que emplean los escarabajos del cuero, algunos tenebriónidos, los escarabajos acorazados y los gorgojos, entre otros. Algunos Hybosoridae y Leiodidae pueden enrollar sus cuerpos parcial o totalmente. Estos escarabajos, sin moverse, guardan un gran parecido con las semillas o trozos de insectos desarticulados.

DEFENSAS QUÍMICAS

Los carábidos y los ditíscidos poseen unos órganos torácicos y abdominales que producen combinaciones tóxicas de aldehídos, ésteres, hidrocarbonos, fenoles y quinonas, junto con varios ácidos. Para no convertirse en presa, algunos escarabajos recurren al sangrado reflejo, una táctica que consiste en liberar de las articulaciones de sus piernas unas potentes sustancias químicas presentes en la hemolinfa, similar a la sangre. Las mariquitas desprenden unos alcaloides amargos al olfato y el gusto, mientras que los meloidos exudan cantaridina cáustica.

APACIGUAMIENTO

Los escarabajos hormiga de varias familias a menudo tienen tricomas, penachos de estructuras especializadas a modo de pelos en el tórax o el abdomen, que están asociados a glándulas especializadas que producen sustancias para apaciguar. Es probable que los tricomas distribuyan sustancias que atraigan a las hormigas y aplaquen sus conductas agresivas, con lo que protegen contra cualquier daño a estos escarabajos mirmecófilos.

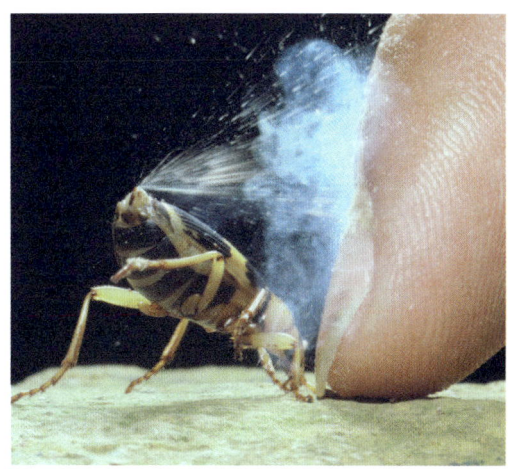

LA DEFENSA DEL BOMBARDERO

Las glándulas defensivas de los escarabajos bombarderos actúan como armas químicas binarias. En lugar de almacenar benzoquinona, los escarabajos sintetizan esta sustancia química tóxica internamente inyectando el contenido de un par de glándulas bicamerales en una cámara común, y haciéndola estallar ruidosamente desde su ano. Aunque la historia evolutiva del mecanismo defensivo del bombardero aún se desconoce, los biólogos evolutivos plantean la hipótesis de que es probable que evolucionara a partir de las glándulas pigidiales que se encuentran en todos los carábidos mediante una serie de pasos graduales. Defensores del creacionismo científico y el diseño inteligente, a menudo se refieren a los escarabajos bombarderos y erróneamente consideran que su único mecanismo de defensa es demasiado complejo como para haber evolucionado por selección natural.

↑ El bombardero asiático (*Pheropsophus jessoensis*), de la familia Carabidae, se defiende ruidosamente con una nube de gas tóxico hirviendo.

CRIPSIS, MIMETISMO Y MÍMESIS

Es probable que la evolución de los colores y patrones defensivos, junto con varias estructuras de superficie y conductas, fueran impulsadas por las aves y otros depredadores diurnos. Los escarabajos que emplean la cripsis poseen colores y patrones que los camuflan adecuadamente en unos fondos determinados, como arena, hojas y corteza. Los escarabajos longicornios de colores oscuros y los erotílidos, que están crípticamente moteados en varios tonos de marrones, grises y verdes, casi desaparecen entre la corteza incrustada de líquenes de los árboles.

Estudios recientes sugieren que la iridiscencia en los escarabajos tigre es también una forma de cripsis. Sus élitros están repletos de unas diminutas estructuras superficiales que reflejan distintas longitudes de onda para crear marrones y verdes apagados que los camuflan en su entorno.

SEÑALES DE ALERTA

Los escarabajos soldado, las luciérnagas, los escarabajos de la familia Lycidae y los meloides se defienden con varias sustancias químicas tóxicas que extraen de sus plantas huéspedes o que son sintetizadas por unas glándulas especiales. Estos insectos lentos advierten a posibles depredadores de su olor y sabor haciendo gala de unos cuerpos negros que muestran unas llamativas manchas rojas, amarillas o naranjas. Estas marcas, conocidas como a colores aposemáticos o de advertencia, ahuyentan depredadores experimentados, a la vez que ponen en alerta a los principiantes. La bioluminiscencia en todos los estadios vitales de las luciérnagas, así como la iridiscencia en muchos otros escarabajos, también son consideradas formas de aposematismo. Los destellos irisados repentinos que emiten los escarabajos tigre y joya, así como las llamativas manchas en los ojos de algunos elatéridos y escarabeidos, pueden confundir o asustar a los depredadores, pero estas hipótesis aún no se han corroborado.

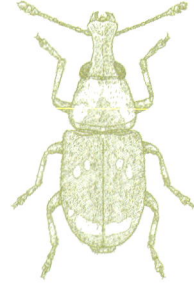

↓ El gorgojo de los hongos de Nueva Zelanda, *Sharpius venustus* (Anthribidae), lleva el nombre del experto en coleópteros británico David Sharp (1840-1922).

IMITADORES

Carentes de defensas, algunos escarabajos imitan el aspecto y el comportamiento de insectos tóxicos, una adaptación conocida como mimetismo batesiano. Los cuerpos de distintos escarabajos polinizadores, como los escarabajos joya y los longicornios, de atrevidos colores, o los vellosos escarabeidos, guardan un gran parecido con las avispas y las abejas, respectivamente. Estos impostores resultan de lo más convincentes con sus movimientos tan animados. Los escarabajos del género *Enoclerus*, con unas vistosas manchas muy características, circulan por las ramas mientras van en busca de escarabajos de la corteza (Enoclerus), que se asemejan a las hormigas aterciopeladas, unas avispas sin alas que son conocidas por sus dolorosas picaduras.

Los insectos que pican no son los únicos modelos para los insectos que buscan protección. Algunos escarabajos elatéridos de Eurasia y Norteamérica del género *Denticollis*, junto con otros escarabajos longicornios, polillas y cucarachas, imitan las desagradables luciérnagas, escarabajos soldado y escarabajos de la familia Licidae.

En el mimetismo mülleriano, dos o más especies que viven en la misma región comparten marcas aposemáticas similares. Los depredadores enseguida aprenden a evitar a los ejemplares con manchas muy vistosas, y de este modo protegen a todas las especies que tienen un aspecto similar. Muy popular entre las mariposas, los complejos miméticos müllerianos que comprenden varios grupos de insectos con llamativas manchas parecen inspirarse en desagradables luciérnagas, escarabajos soldado y escarabajos de la familia Licidae.

FINGIR

El mimetismo es el parecido de un organismo con objetos neutros o inanimados desde el punto de vista de un depredador. Los pequeños y fornidos escarabajos *Fulcidacini* guardan un estrecho parecido con las poco apetitosas heces de oruga o semillas. Algunos escarabajos poseen unos patrones de color molestos y/o superficies sumamente reflectantes que, sin duda, hacen que parezcan menos escarabajos para los depredadores. Así, por ejemplo, la superficie dorsal de *Heilipus squamosus*, que es casi todo negro y originario del sureste de Estados Unidos, presenta unas marcas blancas irregulares que crean un estampado que sugiere más un excremento de ave que un gorgojo.

HONGOS Y ESCARABAJOS

Los escarabajos que se alimentan de hongos, que se conocen colectiva-mente como fungívoros o micófagos, han sufrido varios pasos evolutivos dentro de los coleópteros. Los erotílidos, Endomychidae, *Bolitotherus cornutus* y los antríbidos se alimentan de setas, bejines y polípodos. Sin embargo, los escarabajos que ingieren esos fructíferos cuerpos fúngicos tan llamativos representan tan solo un aspecto de las complejas relaciones entre escarabajos y hongos. Las levaduras, los mohos, mildius y hongos micorrizógenos que se encuentran en las superficies de las plantas y entre las raíces también sirven de alimento a los coleópteros fungívoros.

RELACIONES ENTRAÑABLES

Muchas interacciones entre los escarabajos y las plantas son posibles debido a la asociación tan estrecha de los escarabajos con los hongos. Los escarabajos escolitinos, una subfamilia de los gorgojos, dependen totalmente de sus relaciones mutualistas con los hongos patógenos de las plantas. Mientras excavan intrincados túneles por debajo de la corteza o, con menos frecuencia, en la albura, las hembras inoculan en las paredes de sus galerías esporas fúngicas e hifas almacenadas en el micangio (estructura especial de sus cuerpos que sostienen los hongos) mientras se mueven de un árbol a otro.

LOS ESCARABAJOS DE LA CORTEZA Y DE LA AMBROSÍA

Los escolitinos se dividen en dos grupos principales según su alimenta-ción: los escarabajos de la corteza y los escarabajos de la ambrosía. Los primeros tienden a ser más especializados en sus preferencias de árboles huésped y dependen de sus simbiontes fúngicos para alterar la capacidad que posee el árbol huésped de defenderse con savia mediante la obtu-ración de sus canales resinosos con hifas. Con las defensas del árbol des-habilitadas, los escarabajos de la corteza y sus larvas pueden alimentarse del floema y la albura con libertad y en cantidad. Por el contrario, los es-carabajos de ambrosía son más generalistas en cuanto a los árboles que colonizan y emplean sus hongos simbióticos principalmente como alimento para sí mismos y sus crías.

CYPHEROTYLUS CALIFORNICUS

Este escarabajo de color negro mate presenta unos élitros azules o a veces violáceos salpicados de topos negros. Por lo general, habita en Norteamérica, desde Wyoming y el sur de Kansas hasta México. En verano, los adultos y las larvas negras con púas se alimentan de los tiernos políporos que crecen en los robles muertos y vivos, en las coníferas muertas y en otros árboles, en especial en hábitats relativamente sombreados y húmedos. Pone los huevos en los hongos o cerca de ellos. Las larvas maduras cuelgan boca abajo en grupos y se transforman en crisálida mientras aún están sujetas, mudando su exoesqueleto larvario. Los adultos viven hasta tres meses y los colores de sus élitros adquieren una coloración amarillo pálido tras la muerte.

↑ *Cypherotylus californicus* pertenece a la familia de insectos conocida como erotílidos.

POLINIZADORES

Mediante técnicas filogenéticas que incorporan tanto fósiles como representantes de taxones extintos, los estudiosos de los coleópteros han elaborado hipótesis acerca de la evolución que ha seguido la herbivoría en los escarabajos. Se ha planteado como hipótesis que los linajes modernos de escarabajos asociados con el polen de las coníferas y las cícadas surgieron a principios del Jurásico, mucho antes de que aparecieran las abejas o las mariposas. Es probable que estos escarabajos fueran unos de los primeros polinizadores de las coníferas con piñas y sus aliados (gimnospermas) y de plantas de floración temprana (angiospermas). Un estudio minucioso de indicios fósiles sugiere que probablemente los hábitos alimentarios específicos se centraron en el polen, y otros tejidos vegetales vivos se desarrollaron a partir de hábitos alimentarios más generalizados asociados al consumo de hongos o tejidos vegetales o animales en descomposición.

MONOCOTILEDÓNEAS

Hoy en día, las cícadas, un antiguo grupo de las gimnospermas, son polinizadas básicamente por un grupo concreto de escarabajos de las familias Boganiidae, Chrysomelidae, Curculionidae y Nitidulidae. La polinización por escarabajos también es frecuente en plantas de varias familias de angiospermas primitivas, incluyendo las palmeras monocotiledóneas, las aráceas y los nenúfares. Los gorgojos y los miembros de la familia Nitidulidae son algunos de los coleópteros que más polinizan las palmeras, mientras que las aráceas y los nenúfares dependen, al menos en parte, de los escarabeidos de la tribu Cyclocephalini. Las flores de las aráceas neotropicales *Dieffenbachia* y *Philodendron* se sirven de sus olores acres y calor metabólico para atraer a los escarabeidos del género *Cyclocephala* a sus inflorescencias,

→ Las flores de la victoria amazónica (*Victoria amazonica*) desprenden una fragancia afrutada que atrae a sus escarabeidos polinizadores.

como hacen las victorias amazónicas (*Victoria amazonica*). Todas estas flores capturan a sus escarabajos visitantes hasta la tarde del día siguiente, cuando son liberados con sus cuerpos impregnados de polen. El loto blanco o loto tigre (*Nymphaea lotus*) atrae y recluye por un breve tiempo al único Scarabaeidae *Cyclocephalini* del Viejo Continente, *Ruteloryctes morio*, de una forma similar, aunque estos escarabajos nocturnos no son unos polinizadores de las flores tan eficaces como varias especies de abejas que visitan las flores justo después del amanecer.

DICOTILEDÓNEAS

Las dicotiledóneas primitivas también dependen de la polinización de los escarabajos. Varias flores de magnolia usan el calor y los olores a levadura para atraer a los escarabajos cetónidos, Merylidae, Nitidulidae, Mordellidae y los gorgojos, entre otros. De las 2400 especies de plantas de la familia de las angiospermas anonáceas (Annonaceae) que se encuentran en los trópicos, tanto del viejo como del nuevo continente, se cree que cerca de un 90 por ciento son polinizadas por escarabajos. Las flores de colores claros atraen a los escarabajos con sus aromas afrutados. Estas flores son atractivas para los escarabajos no solo como fuentes de polen, sino también porque sus estructuras proporcionan cobijo y un lugar para encontrar pareja.

Muchas especies de Scarabaeidae, Buprestidae, Cantharidae, Lycidae, Meloidae, Mordellidae, Cerambycidae y Curculionidae visitan con regularidad todo tipo de flores. La mayoría de estos y de otros escarabajos que acuden a las flores simplemente ingieren y defecan mientras van de una flor a otra y no son polinizadores especialmente efectivos. Como resultado, suelen ser descartados por los biólogos expertos en polinización, que los califican de «polinizadores desordenados y sucios». Sin embargo, es preciso llevar a cabo un estudio minucioso de sus piezas bucales y de otras características morfológicas relacionadas con sus preferencias alimentarias y la forma en que visitan las flores para determinar si son o no auténticos polinizadores.

El escarabajo *Trichostetha fascicularis* y varios escarabajos mono que viven en el sur de África presentan unas piezas bucales especialmente adaptadas para manipular el polen. Unos densos cepillos setales en sus maxilares arrastran granos de polen hasta la boca, donde son pulverizados por unas mandíbulas especiales. Es probable que estos escarabajos peludos y otros parecidos a abejas que suelen visitar las flores, como el *Amphicoma* europeo, sean polinizadores, pero sus funciones ecológicas concretas deben ser estudiadas más a fondo.

ESCARABAJOS PELOTEROS

Los excrementos son un recurso rico en nutrientes, aunque efímero, y varias familias de escarabajos incluyen especies que los suelen usar como alimento para ellos y su descendencia. Los escarabajos peloteros han desarrollado una serie de conductas asombrosas en relación con el tratamiento de sus excrementos, la construcción de nidos y el cuidado de sus crías. A partir de sus estrategias para proteger y emplear las heces de los animales, estos escarabajos se dividen en tres grupos básicos: los endocópridos, los paracópridos y los telecópridos. Los endocópridos perforan la boñiga, mientras que los paracópridos excavan túneles por debajo o al lado de esta. Los telecópridos transforman pequeñas cantidades de boñiga en pelotas para su propio sustento, o en bolas nido, donde introducen un huevo y, luego, las hacen rodar y las entierran. Todo ello contribuye a la descomposición de las heces y a reciclar sus nutrientes. Indicios fósiles y moleculares sugieren que estos comportamientos asociados al tratamiento de los excrementos podrían haberse desarrollado con los dinosaurios durante el Cretácico inferior (hace 115-130 millones de años).

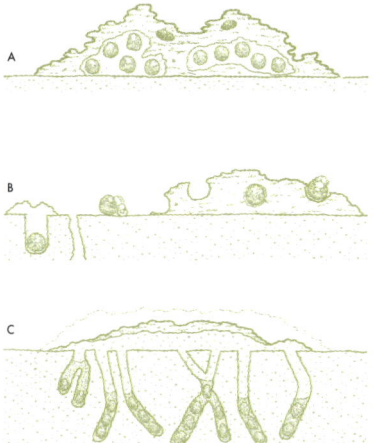

← Los comportamientos de nidificación que muestran los escarabajos peloteros se clasifican, en términos generales, en tres grupos a partir de las posiciones de los túneles excavados por los escarabajos con la fuente de alimento, según se indica: (A) endocópridos, (B) telecópridos, (C) paracópridos.

→ *Kheper nigroaeneus* (Scarabaeidae) habita en las sabanas orientales del sur de África. Los machos construyen bolas nido con los excrementos de elefantes, búfalos, rinocerontes, ganado y otros animales, y luego liberan feromonas para atraer a una hembra.

ESCARABAJOS CARROÑEROS

Del mismo modo que los excrementos, la carroña es también un valioso recurso, aunque efímero, para los escarabajos, ya que usan la carne en descomposición para su sustento y el de sus crías. Al morir, los cadáveres enseguida son invadidos por todo tipo de insectos necrófagos, incluyendo varias clases de escarabajos y microorganismos. Para evitar esta competencia tan reñida, los machos y hembras del escarabajo enterrador rojo y blanco (*Nicrophorus*) trabajan en parejas para enterrar rápidamente pequeños restos de animales que serán el alimento para sus crías. Una vez enterrados, retiran la piel o las plumas del animal muerto y con cuidado transforman los restos

en una pelota. Los escarabajos los lamen para impregnarlos de saliva mezclada con propiedades antimicrobianas que retardan la descomposición. Los escarabajos enterradores hembra depositan sus huevos en las paredes de la cámara funeraria, donde suelen permanecer hasta que las larvas completan su desarrollo. Tras la eclosión, las jóvenes larvas ingieren pequeñas gotas de carroña digerida que sus padres regurgitan en una gran depresión situada en la superficie de los restos. Poco tiempo después, las larvas crecerán lo suficiente para poder alimentarse directamente del cadáver.

ESTRIDULACIÓN

Gracias a la estridulación, se sabe que *Nicrophorus* y otros escarabajos pueden producir chirridos audibles moviendo un raspador (*plectrum*) a través de una placa estriada llamada *pars strident*. Estos escarabajos estridulan durante el cortejo, la preparación del cuerpo del animal y el cuidado de las crías. Recientemente, se ha puesto en entredicho la idea de que la estridulación se emplee para comunicarse con las larvas. La presencia de antenas como estructuras olfativas y órganos estriduladores en escarabajos conservados en ámbar birmano sugiere que el comportamiento de los escarabajos enterradores modernos tal vez se estableció antes del Cretácico medio.

← Un grupo de escarabajos enterradores *Nicrophorus vespillo* (Staphylinidae) coopera para sepultar y preparar a una musaraña muerta como alimento para sus futuros descendientes.

DEPREDADORES, PARÁSITOS E INQUILINOS

Los escarabajos depredadores cazan sobre todo insectos y otros pequeños artrópodos e invertebrados. Sin embargo, los adultos y larvas relativamente grandes y poderosos de *Dytiscus* pueden capturar pequeños vertebrados tales como peces y anfibios. Los estafilínidos e histéridos buscan pequeños artrópodos en muchos tipos de microhábitats, en especial entre materia orgánica en descomposición. Los girínidos atacan a insectos terrestres atrapados en la superficie de los estanques. Los cléridos, los escarabajos de la familia Trogossitidae y algunos elatéridos cazan escarabajos barrenadores y sus larvas. Las larvas de escarabajo soldado consumen principalmente líquidos corporales de los invertebrados, mientras que algunos adultos se alimentan de afídidos y otros insectos de cuerpo blando.

DEPREDADORES DE LOS MILPIÉS

Algunos escarabajos capturan solo milpiés a pesar de su capacidad para defenderse con compuestos nocivos que incluyen benzoquinonas, cianuro de hidrógeno y clorhidrato. Sin dejarse intimidar por su arsenal químico, las larvas de luciérnaga correrán por poco tiempo junto a un milpiés antes de enrollarse alrededor de la parte anterior de su cuerpo para asestar una mordedura letal justo detrás y por debajo de la cabeza. Con sus afiladas mandíbulas en forma de hoz, la larva inyecta su propia pócima de toxinas paralizantes y enzimas digestivas que desactiva el sistema defensivo del milpiés y predigiere sus tejidos. Inmovilizado, el milpiés muere enseguida y sus órganos internos y tejidos quedan licuados. Entonces la larva de luciérnaga se introduce en el cuerpo del milpiés para consumirlo todo, excepto el exoesqueleto y las glándulas defensivas.

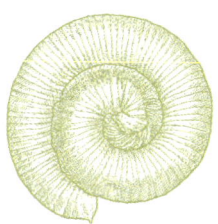

← Los escarabajos de varias familias, como Carabidae, Scarabaeidae y Phengodidae, atacan a los milpiés y han desarrollado varias estrategias para sortear las defensas de sus presas.

Los carábidos depredadores del género *Promecognathus* también capturan milpiés. En vez de minimizar el contacto con las contramedidas químicas usadas por las presas, estos escarabajos han desarrollado una alta tolerancia al cianuro. Gracias a sus largas y afiladas mandíbulas, el escarabajo muerde brutalmente a los milpiés entre sus placas dorsales engrosadas hasta que muere desangrado y exhausto.

A diferencia de la mayoría de los escarabajos peloteros, *Deltochilum valgum*, de los bosques tropicales húmedos de las tierras bajas de Perú, es también un depredador de milpiés. Este escarabeido, primero, agarra al milpiés con sus patas centrales y posteriores y, luego, envuelve con firmeza el cuerpo de la presa con sus largas y curvas patas traseras. Cuando el milpiés deja de oponer resistencia, el escarabajo desarticula su cuerpo mediante el clípeo, con su característica forma de cincel, y las patas anteriores a modo de sierra. A menudo decapitado en el proceso, el milpiés muerto es inmovilizado por el escarabajo contra el pigidio, cuya superficie se asemeja a una concha, con una pata trasera mientras anda sobre sus cinco patas restantes en busca de un lugar al resguardo para alimentarse.

PARÁSITOS Y PARASITOIDES

Entre los coleópteros, los parásitos más conocidos son Leiodidae. Los adultos y las larvas de algunas especies pasan casi toda su vida como parásitos externos que se alimentan de exudados de piel de castores o roedores. Los parásitos que siempre matan a sus huéspedes reciben el nombre de parasitoides. Las larvas parasitoides de los meloidos atacan a los cúmulos de huevos de saltamontes enterrados en el suelo. Otras invaden los nidos subterráneos de abejas solitarias y consumen crías, polen y néctar.

INQUILINOS

Los escarabajos que viven entre insectos sociales, especialmente termitas y hormigas, se denominan inquilinos. Estos inquilinos exploran los nidos de sus huéspedes en busca de varios recursos, como alimento, cobijo y zonas de puesta, y, dependiendo de la especie de escarabajo, están integrados de distintas formas en la estructura social de la colonia. Así, por ejemplo, algunos estafilínidos han desarrollado estructuras y conductas hasta el punto de que sus termitas u hormigas huéspedes los aceptan como uno de los suyos.

ESCARABAJOS ACUÁTICOS

Los cuerpos lisos, estilizados y rígidos de los escarabajos buceadores depredadores o ditíscidos (Dytiscidae) y los escarabajos carroñeros de la familia Hydrophilidae están bien adaptados a la vida en distintos hábitats de agua dulce. Utilizan sus patas centrales y posteriores, que son planas y están bordeadas de *setae* (vellos muy finos), como remos para impulsarse a través del agua. Los ditíscidos nadan moviendo sus patas juntas a la vez, mientras que los escarabajos de la familia Hydrophilidae emplean sus patas de forma alterna.

Los escarabajos acuáticos a menudo regresan a la superficie para expulsar dióxido de carbono y reabastecerse de oxígeno. Hydrophilidae emergen a la superficie en tensión de cabeza con las antenas para atraer una capa de aire por encima de la parte inferior de sus abdómenes. Los ditíscidos atrapan una burbuja de aire por debajo de sus élitros rompiendo la superficie del agua con los extremos de sus abdómenes. Con las existencias de oxígeno casi agotadas, los ditíscidos pueden exponer la burbuja desde el extremo de sus élitros para que por un breve tiempo actúe como una branquia física a fin de abastecerse de oxígeno del agua circundante.

↓ Los tarsos anteriores de *Eretes sticticus* (Dytiscidae) macho se ensanchan con almohadillas por debajo que ayudan a agarrar los élitros de la hembra durante el apareamiento.

↓ La nanoestructura de las almohadillas adhesivas ha inspirado el desarrollo de los aparatos médicos inteligentes que una y otra vez supervisan la bioquímica del sudor.

→ Los girínidos capturan insectos que han quedado atrapados en la superficie de los estanques. Las almohadillas adhesivas de las patas delanteras de *Dytiscus marginalis* (Dytiscidae) macho lo ayudan a agarrar los élitros estriados de la hembra durante la cópula. Sus larvas, llamadas «tigres de agua», deambulan por el fondo del estanque en busca de presas.

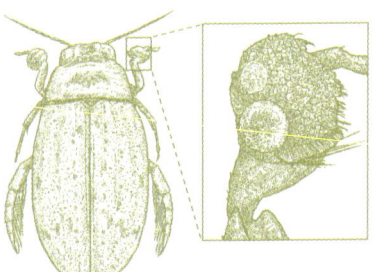

APRENDER LA JERGA

Los términos «introducidos» o «adventicios» se aplican a aquellos escarabajos que los humanos han trasladado fuera de su distribución nativa, ya sea de forma intencionada (como en el caso de los agentes de control biológico) o casual. Las especies nativas pertenecen a una zona concreta, mientras que el vocablo «restringida» se aplica a las especies nativas o autóctonas que no se desarrollan en ningún otro lugar. Los expertos en coleópteros a menudo usan «endémico» para designar a los escarabajos nativos con distribuciones limitadas, pero algunos consideran que este término es más adecuado en epidemiología. Las poblaciones no nativas no existen de forma natural en un área concreta. Las especies invasoras son no nativas que fueron introducidas de forma deliberada o fortuita por los humanos y se consideran plagas o plagas potenciales.

La riqueza de especies hace referencia al número de especies de escarabajos que habitan en un ecosistema o región determinados, mientras que por diversidad se considera no solo el número de especies, sino también la abundancia de cada una de ellas. Las plagas se producen cuando las poblaciones superan los niveles normales y provocan un daño económico o amenazan a otros intereses humanos (*véanse páginas 102-103*).

↓ El escarabajo japonés, *Popillia japonica* (Scarabaeidae), oriundo del este asiático, ha invadido el este de Norteamérica y partes de Europa.

↓ El barrenador esmeralda, *Agrilus planipennis* (Buprestidae), ha diezmado centenares de millones de fresnos en el este de Norteamérica.

→ Los longicornios asiáticos, *Anoplophora glabripennis* (Cerambycidae), son nativos del este de China y la península de Corea. Probablemente introducidos en Norteamérica como larvas en embalajes de madera no tratada, también se han asentado en poblaciones dispersas de Europa. Estos barrenadores de la madera tan destructivos matan arces, así como otros árboles de madera dura.

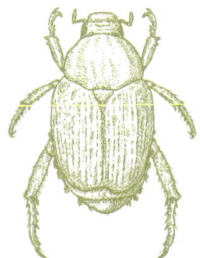
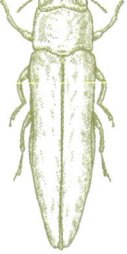

ZOOGEOGRAFÍA DE LOS ESCARABAJOS

Una característica de los escarabajos es su patrón natural de distribución geográfica. Algunos viven únicamente en biorregiones tropicales, tales como bosques lluviosos ecuatoriales y sabanas, mientras que se sabe que otros habitan en bosques de coníferas o mixtos, praderas, desiertos y otras biorregiones templadas.

EL NACIMIENTO DE LA BIOGEOGRAFÍA

Se ha empleado la distribución de los animales, en especial de los vertebrados, para dividir la Tierra en reinos biogeográficos caracterizados por unas floras y faunas propias. En 1858, el zoólogo británico Philip Sclater (1829-1913) estableció seis reinos zoológicos que coinciden, en parte, con los continentes. Sus reinos paleártico, afrotropical, indio, austral-asiático, neoártico y neotropical se basaban en la distribución de las aves. El naturalista británico Alfred Russel Wallace, muy conocido por su interés en los escarabajos, lo revisó en 1876 a partir de las distribuciones de las familias de mamíferos en todo el mundo. Su obra se convirtió en una piedra angular en numerosas disciplinas biológicas, como la zoogeografía de los escarabajos.

GONDWANA

Poblaciones aisladas de taxones de escarabajos relacionados son consideradas vestigios de poblaciones que antiguamente estaban extendidas. Así, por ejemplo, poblaciones muy dispersas de escarabeidos relacionados filogenéticamente que habitan en las regiones templadas meridionales de Sudáfrica, Argentina y Chile, y Australia y Nueva Zelanda ofrecen indicios claros de que estos continentes meridionales en la antigüedad formaron un supercontinente con la Antártida. Conocida como Gondwana, esta antigua masa continental empezó a fragmentarse durante el Jurásico, hace unos 180 millones de años.

REINOS TERRESTRES

La mayor parte de Norteamérica, incluyendo las regiones templadas del norte de México, comprenden la región neártica. Gran parte de México, Centro y Sudamérica y el Caribe conforman el reino neotropical. El reino paleártico está formado por el norte de África, las zonas templadas de la península arábiga y la parte de Eurasia situada al norte del Himalaya. Todo el África subsahariana, Madagascar y la mayor parte de la península arábiga pertenecen al reino afrotropical. En ocasiones denominado reino oriental, el reino indomalayo se extiende desde India hasta el sur de China y gran parte de Indonesia. El reino austral-asiático incluye Australia, Nueva Guinea y la zona oriental del archipiélago indonesio.

CONTINENTES A LA DERIVA

Los biogeógrafos han observado desde hace tiempo la similitud de los escarabajos de los reinos del Neártico y el Paleártico, Madagascar e India y el sur de Sudamérica con los de Australia y Nueva Zelanda. Hasta principios del siglo xx no se hallaron unas explicaciones a estas distribuciones tan dispares. El climatólogo y geógrafo alemán Alfred Wegener (1880-1930) señaló que los continentes de la Tierra estaban unidos en un supercontinente como si fuera un puzle. En 1912, formuló una hipótesis conocida como deriva continental, según la cual los continentes se mueven poco a poco por la superficie terrestre, colisionando entre ellos y separándose unos de otros en el transcurso del tiempo geológico. Si bien al principio fue controvertido, a partir de la década de 1950 el concepto de Wegener poco a poco fue gozando de más aceptación y se convirtió en los cimientos de la teoría científica generalmente aceptada de la tectónica de placas.

APUNTES IMPORTANTES

Los reinos biogeográficos propuestos por Sclater y Wallace siguieron revisándose a partir, sobre todo, de las distribuciones y las relaciones filogenéticas de los vertebrados. La investigación zoogeográfica acerca de los escarabajos se centra básicamente en los datos a nivel de familia, no tan solo sobre la distribución, sino también sobre filogenética molecular y tectónica de placas. Estos análisis ayudan a revelar los orígenes evolutivos de los escarabajos, ofrecer explicaciones de sus patrones de distribución actuales, confirmar fenómenos geológicos del pasado a la luz de la tectónica de placas, y proporcionar apreciaciones importantes acerca de cómo los escarabajos podrían responder al cambio climático.

EL CLIMA Y OTRAS LIMITACIONES

El lugar donde vive un escarabajo concreto está definido por las condiciones de su hábitat. Los hábitats vienen determinados por unos elementos ecológicos e influencias históricas. Los elementos ecológicos implican interacciones entre factores abióticos (por ejemplo, el tipo de clima y tierra) y factores bióticos (que incluyen disponibilidad de alimento, competidores y enemigos naturales).

Entre las influencias históricas se incluyen prácticas recientes de la utilización de la tierra, así como fenómenos geológicos tales como la glaciación y la tectónica de placas. La ecología determina si un escarabajo es capaz de sobrevivir en un hábitat dado, mientras que la historia de la zona determina su presencia allí en primer lugar.

El clima influye en la riqueza y diversidad de las especies de escarabajos. En las regiones tropicales y subtropicales cálidas vive la mayoría de las especies, mientras que la diversidad disminuye en las regiones templadas y polares más frías. Las estaciones en estas regiones, que antes eran predecibles, han dado paso a olas de calor impropias de la estación, olas de frío, inundaciones y sequías. Las distintas capacidades de los escarabajos para adaptarse al cambio climático, la destrucción del hábitat y las especies invasivas decidirán qué especies sobreviven y dónde.

↓ Plagas del escarabajo europeo del abeto, *Ips typographus* (Curculionidae), han deteriorado los bosques de píceas en Europa meridional

y central (*véanse páginas 104-105*). Las plagas de escarabajo negro están alterando los bosques de coníferas templados en todo el mundo.

→ El escarabajo *Carabus nemoralis* (Carabidae) es una de las ocho especies de escarabajos de mayor tamaño recogidos en la Columbia Británica que disminuye de tamaño en respuesta a un aumento de las temperaturas otoñales en un período de entre 30 y 100 años.

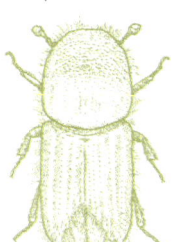

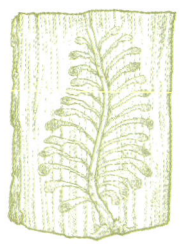

DISPERSIÓN

Los escarabajos suelen dispersarse distancias cortas, ya sea andando, corriendo o nadando. Sin embargo, ¡*Onymacris plana* de Namibia es capaz de recorrer 19 km en solo diez días! Los escarabajos buceadores, que son depredadores y fuertes nadadores (Dytiscidae), pueden colonizar nuevas masas de agua, a veces lejanas, gracias a su capacidad para volar. El escarabajo pelotero africano *Pachylomera femoralis* recorre largas distancias volando en busca de heces recientes. En el aire, los escarabajos más pequeños en ocasiones son transportados lejos por el viento.

EN TIERRA

Todos los escarabajos no voladores, como los que están adaptados a vivir a gran profundidad en el suelo, dentro de cuevas, o nadando en manantiales subterráneos, suelen tener una capacidad de dispersión limitada. Más de 30 especies de escarabajos de *Pleocoma* se distribuyen por la costa del Pacífico de Norteamérica. Aunque los machos son grandes voladores, las hembras, no voladoras, limitan la distribución de cada especie.

↓ El gran escarabajo pelotero *Pachylomera femoralis* (Scarabaeidae) vive en los profundos hábitats arenosos de las zonas meridionales de África.

ESCARABAJOS DE MAR

Los adultos y las larvas de los escarabajos longicornios (Cerambycidae) y los gorgojos (Curculionidae) a veces pueden sobrevivir durante largos períodos en el mar en el interior de troncos a la deriva. Islas del océano remotas que suelen carecer de diversidad de insectos a veces son profusamente colonizadas por estos y otros escarabajos barrenadores de la madera.

DE PAQUETE

Algunos escarabajos dependen de otros animales para desplazarse, una estrategia que recibe el nombre de foresia. Pegándose a una abeja solitaria, las larvas parásitas de los meloidos pueden acceder al nido de la abeja y a sus crías. Los escarabajos adultos del género *Antherophagus* viajan montados en abejorros para hurgar en los desechos de sus nidos.

INTRODUCCIONES

Algunos escarabajos y sus larvas son dispersados por la actividad humana y, de manera fortuita, transportados en material de vivero, alimentos envasados y productos madereros. Los escarabajos empleados como controles biológicos, especialmente los de las familias Scarabaeidae, Coccinellidae, Chrysomelidae y Curculionidae, son introducidos de forma deliberada en nuevos ambientes.

ESPECIES INVASORAS

El movimiento de personas y productos ha comportado la introducción intencionada y fortuita de plantas, animales, hongos y microbios en todo el mundo. Con el tiempo, se ha comprobado que algunas de estas especies han tenido efectos perjudiciales para la economía y/o el medio ambiente. Sin controles ni equilibrios naturales, las especies invasoras son libres de dominar nuevos hábitats. Los insectos invasores, entre los que se incluyen los escarabajos, plantean importantes retos para las economías sostenibles y la biodiversidad al dañar los suministros de alimentos, dificultar el comercio y poner en peligro las especies nativas alterando los ecosistemas naturales. Las plagas de gorgojos partenogenéticos son especialmente problemáticas porque basta con una sola hembra para iniciar una infestación.

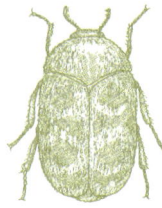

↑ Los escarabajos Khapra (Dermestidae) son pequeños, sigilosos y destructivos.

EL ESCARABAJO KHAPRA

Trogoderma granarium es una de las plagas más destructivas de granos y semillas del mundo. Nativo del sudeste asiático, actualmente este escarabajo está establecido en el viejo continente. Las plagas de escarabajo Khapra contaminan y destruyen los alimentos para los humanos y alteran el comercio debido a las cuarentenas que restringen las importaciones de grano procedentes de países donde se sabe que existen infestaciones.

IDENTIFICACIÓN

Una identificación precisa ayuda a controlar los escarabajos invasores. Las técnicas genómicas pueden permitir identificar el origen de una especie invasora, que puede llevar al descubrimiento de sus depredadores naturales, parasitoides y patógenos que se emplean como agentes de control biológico para las poblaciones invasoras.

EL ESCARABAJO JAPONÉS

Popillia japonica es una grave plaga hortícola y agrícola que afecta a zonas de Norteamérica y Europa. Los adultos consumen flores, hojas y otras estructuras vegetativas de más de 300 especies de plantas ornamentales y de paisaje, cultivos hortícolas y frutas y verduras cultivadas con fines comerciales. Las larvas se alimentan de las raíces del césped y otras plantas, y a menudo causan graves daños. Es probable que un clima más cálido fomente la proliferación de este escarabajo portador de infecciones por las regiones templadas del mundo.

EL ESCARABAJO BARRENADOR ESMERALDA DEL FRESNO

Agrilus planipennis es nativo del noreste asiático, donde apenas causa daños importantes en los árboles. Descubierto en Norteamérica en verano de 2002, actualmente los escarabajos barrenadores esmeralda están establecidos en gran parte del nordeste y del alto medio oeste de Estados Unidos, donde han acabado con millones de fresnos. Estos exterminadores de árboles han puesto en un grave peligro de extinción a casi 100 especies de insectos herbívoros que dependen de los fresnos, incluyendo a cuatro escarabajos rinoceronte: *Dynastes grantii*, *D. tityus*, *Xyloryctes jamaicensis* y *X. thestalus*.

EL ESCARABAJO LONGICORNIO ASIÁTICO

Nativo de China y Corea, el escarabajo longicornio asiático, *Anoplophora glabripennis*, habita en varias regiones del este de Norteamérica. Las actividades barrenadoras de las larvas amenazan a millones de árboles de calles y parques, y plantean serios problemas para la industria de sirope de arce en el noreste. Para su erradicación, es preciso talar, trocear y quemar miles de árboles infestados. Hoy en día este escarabajo tan destructivo también se encuentra en al menos 11 países europeos. En los últimos años, el escarabajo longicornio asiático ha aumentado su distribución en China debido a la plantación generalizada de híbridos de álamo que son susceptibles de atacar.

PLAGAS DE LA PALMERA

El picudo rojo (*Rhynchophorus ferrugineus*), una de las plagas más destructoras del mundo, afecta a palmeras ornamentales y datileras. Nativo del sudeste asiático, este enorme gorgojo se ha extendido por regiones donde crecen las palmeras. Una infestación de una especie afín, *R. vulneratus*, descubierta en el sur de California en 2010, fue erradicada en 2015.

BROTES

Aunque es difícil de valorar, los estudios sugieren que en los últimos siglos se han producido frecuentes brotes de escarabajos de la corteza en el oeste de Norteamérica. Estos brotes son importantes fuerzas naturales en los ecosistemas boscosos y desempeñan un papel esencial en su crecimiento y regeneración. Los escarabajos, por lo general, se sentían atraídos por los árboles viejos y menos sanos, por lo que permiten que ejemplares más jóvenes y sanos compitan y proliferen.

¿QUÉ CAUSA LOS BROTES?

Los brotes de escarabajos de la corteza son el resultado de complejas interacciones entre el tiempo, el clima, la disponibilidad de alimento, los enemigos naturales y otros factores bióticos. En Europa y Norteamérica, el cambio climático y las prácticas de gestión forestal han contribuido a aumentar la frecuencia y la intensidad de brotes de especies nativas de escarabajos de la corteza que se producen de forma natural.

ESCARABAJOS DE LA CORTEZA

Brotes recientes del escarabajo de la corteza del abeto europeo (*Ips typographus*) han diezmado millones de coníferas en Europa. Aunque solo miden entre 4,0 y 5,5 mm de longitud, estos pequeños escarabajos rápidamente acaban con los árboles adultos, cuyas defensas aniquilan con la ayuda de unos simbiontes fúngicos que favorecen el desarrollo de las larvas de los escarabajos. Al parecer, los escarabajos de la corteza localizan a los posibles árboles huéspedes rastreando los olores que desprenden estos simbiontes fúngicos cuando metabolizan la resina. Estos olores no tan solo ayudan a los escarabajos de la corteza a localizar posibles zonas donde alimentarse y criar, sino que también pueden ayudarlos a evaluar las capacidades defensivas de un árbol y determinar el número de escarabajos de la corteza conespecíficos que ya están presentes en el árbol.

A diferencia de los brotes anteriores que se han registrado en el oeste de Norteamérica, hoy las infestaciones de escarabajos de la corteza se producen de forma simultánea en numerosos ecosistemas forestales, y matan a un gran número de árboles más rápido y durante unos períodos de tiempo más prolongados. Desde 1990, estos escarabajos han destruido bosques para productos madereros, desde Alaska hasta el norte de México. Las elevadas temperaturas y la sequía que se registran en la actualidad, junto con las amplias extensiones de árboles adultos en densas concentraciones, han contribuido a la proliferación de los escarabajos de la corteza, especialmente algunos exterminadores de árboles de los géneros *Dendroctonus*, *Ips* y *Scolytus*. Las temperaturas más cálidas aceleran los ciclos vitales de los escarabajos de la corteza y reducen su mortalidad durante el invierno. Unas temperaturas cálidas prolongadas y el estrés hídrico pueden debilitar los árboles, menguando su capacidad para defenderse de los ataques de estos escarabajos.

↑ Unas temperaturas más cálidas tanto en verano como en invierno debido al cambio climático favorecen los brotes de escarabajos de la corteza que tienen consecuencias graves en los ciclos del carbono y los ecosistemas forestales.

CONDICIONES ECOLÓGICAS

Para sobrevivir, cada especie de escarabajo ocupa uno o más hábitats caracterizados por un conjunto particular de vegetación, tipo de suelo y clima que cumple las condiciones de sus cuatro estadios de desarrollo en cuanto a la alimentación, el agua, el cobijo y las zonas de desove. Las especies de amplia distribución, como *Phanaeus vindex*, toleran condiciones ambientales de diversa índole y son capaces de asimilar muchos tipos de alimento. Este escarabajo pelotero ocupa varios hábitats de praderas y bosques con suelos arcillosos y arenosos, desde el este de Estados Unidos hacia el oeste, hasta el sureste de Arizona y el norte de México. Tanto los adultos como las larvas pueden utilizar muchas clases de excrementos de vertebrados, incluyendo los de los humanos.

Los escarabajos que solo toleran unas condiciones ambientales muy restringidas y cuya distribución está limitada a una cordillera de montañas, un complejo de dunas o un sistema de cuevas a menudo requieren medidas para su conservación. Así, *Colophon westwoodi*, un ciervo volante que vive únicamente en la montaña de la Mesa, en Sudáfrica, está incluido como especie vulnerable en la Lista Roja de la Unión Internacional para la Conservación de la Naturaleza (UICN).

↙ Tanto el macho como la hembra de *Phanaeus vindex* excavan túneles por debajo de los excrementos y forman una o más bolas de heces húmedas recubiertas de tierra. Cada bola nido sirve de alimento a la larva que se desarrolla en su interior, mientras que se facilita otra bola de alimento a los adultos recién nacidos.

→ Conocido como escarabajo real en la América colonial, los machos del escarabajo arcoíris (*Phanaeus vindex*) poseen un cuerno impresionante que se curva hacia atrás sobre el ancho caparazón torácico.

BOSQUES

Los escarabajos se alimentan de los tejidos leñosos de los árboles y arbustos. Los árboles dañados y moribundos albergan una increíble diversidad de especies que a menudo tienen unas preferencias alimentarias concretas por las cortezas y durámenes vivos, muertos o en descomposición. Las hojas, tallos, flores, conos, semillas y raíces también proporcionan alimento y cobijo a muchas otras especies.

HERBÍVOROS Y FUNGÍVOROS

Los escarabeidos nocturnos mastican los bordes de las hojas, y en ocasiones son tan abundantes que pueden causar una defoliación intensa. Aunque algunos escarabajos son generalistas y se alimentan de muchas plantas, otros son especialistas que solo ingieren tejidos de árboles que pertenezcan al mismo género o familia. En Australia, los escarabajos navideños del género *Anoplognathus* a veces son voraces defoliadores de los eucaliptos, aunque su número en zonas densamente pobladas se ha reducido de forma considerable. Tanto las larvas como los adultos de los escarabajos crisomélidos suelen alimentarse de hojas. Los gorgojos y sus parientes también pueden comer varios tejidos vegetativos, tanto de día como de noche. Aunque las larvas de algunas especies se alimentan de hojas en el exterior, la mayoría se desarrolla en el interior de semillas y tallos, o en el

---

DEPREDADORES

Las mariquitas suelen habitar en el dosel arbóreo, donde capturan áfidos. Los escarabajos terrestres depredadores y los elatéridos hurgan en la superficie de las cortezas. En los bosques lluviosos tropicales de Australia y el sureste asiático, los troncos de los árboles recubiertos de líquenes y moho son ideales para *Tricondyla* y otros géneros de escarabajos tigre arbóreos. A menudo se encuentran adultos de algunos cléridos en los troncos y ramas infestados de escarabajos de la corteza y otros escarabajos barrenadores de la madera que les sirven como presa, mientras que otros están en las flores.

---

suelo entre raíces. Es habitual encontrar Phalacridae, Nitidulidae, Cryptophagidae y Cucujoidea en las superficies de las hojas, donde es probable que se alimenten de los diversos hongos que invaden los tejidos de hojas en descomposición.

LAS FLORES

Varias familias de escarabajos se suelen alimentar de flores y aparear en ellas. De estas, los escarabajos joya y los escarabajos de las flores son las especies más sigilosas y hermosas, en especial en el hemisferio sur. Los escarabajos joya polinizadores, los de la familia Lycidae, los escarabajos soldado y los escarabajos longicornios a menudo se parecen a las abejas o las avispas defensivos en cuanto al aspecto y el comportamiento.

ESPECIES SAPROXÍLICAS

Aunque algunos escarabajos tenebriónidos y sus parientes se encuentran de vez en cuando en el dosel arbóreo como adultos, los adultos y larvas de muchas especies que viven en el bosque se sustentan a base de madera en descomposición, o de los restos de madera seca y los lechos de hojas que se acumulan en sus bases. Estos escarabajos saproxílicos forman complejas agrupaciones de especies, en su mayoría sigilosas, que representan multitud de familias que dependen de la madera de los árboles muertos y moribundos y de sus hongos asociados. Los escarabajos saproxílicos constituyen una parte importante de la biodiversidad forestal y desempeñan un papel clave en la salud medioambiental. Son considerados un indicador esencial de las especies, en especial en los bosques antiguos templados de Europa y Norteamérica. Las prácticas forestales que seleccionan árboles antes de que se desarrollen reducen la acumulación de restos leñosos con la cantidad adecuada de hongos, lo que tiene un impacto negativo en los escarabajos saproxílicos.

→ En los troncos muertos viven hongos, así como escarabajos saproxílicos y otros insectos que dependen de madera en descomposición y microorganismos asociados para sobrevivir.

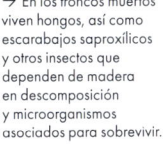

HUMEDALES Y COSTAS

Los escarabajos habitan en una increíble variedad de entornos acuáticos y semiacuáticos, entre los que se incluyen los fríos riachuelos, los estanques y los lagos de montaña, las marismas y los estuarios salobres, las orillas y los hábitats costeros intermareales.

NADADORES Y REPTADORES

Mientras que algunos escarabajos acuáticos prefieren los riachuelos fríos y rápidos, otros se inclinan por los estanques o lagos situados a orillas de riachuelos lentos. En función de sus modos de locomoción, los escarabajos acuáticos se dividen en dos grupos básicos: los nadadores y los reptadores. Los nadadores se mueven a través de la columna de agua y a lo largo de sustratos vegetales o de gravilla gracias a sus robustas patas natatorias. Los mejores nadadores, como son las especies de *Dytiscus Hydrophilus*, impulsan sus cuerpos lisos y esbeltos con sus patas centrales y traseras en forma de remo bordeadas de *setae* (vellos muy finos). Sin embargo, los escarabajos girínidos, que son igualmente ágiles, viven solos o en grupos en la superficie de estanques o a lo largo de las orillas relativamente tranquilas de arroyos y ríos.

LA VIDA EN LA ORILLA

Los bajíos situados a lo largo de las orillas de diversas masas de hábitats de aguas dulces estancadas y corrientes donde nacen las plantas conforman la zona litoral. Esta a menudo está habitada por nadadores menos hábiles, como escarabajos acuáticos reptadores, así como escarabajos que carecen de apéndices natatorios. Los escarabajos de los rápidos de la familia Elmidae se suelen encontrar en riachuelos, arrastrándose por matas de algas o adheridos a las rocas y troncos. Las orillas de los estanques, ríos y riachuelos forman una transición natural entre los hábitats acuáticos y terrestres. Los escarabajos que viven en los límites de estos hábitats suelen pertenecer a especies terrestres con inclinaciones acuáticas, como *Omophron* (Carabidae), o viceversa, como demuestra *Hydraena*, *Ochthebius* y otros escarabajos diminutos del musgo (Hydraenidae).

LOS GIRÍNIDOS

Los girínidos evitan con destreza a los depredadores, en parte, porque pueden ver por encima y por debajo de la superficie del agua y nadar a velocidades de hasta 53-144 cm por segundo gracias a sus poderosas patas natatorias centrales y posteriores. El extremo de su abdomen actúa como un timón y puede curvase casi 90° hacia abajo. También poseen unas glándulas pigidiales que generan un líquido oleaginoso y tóxico, compuesto sobre todo por sesquiterpenos, que los hace poco apetecibles para los peces. Su exoesqueleto segrega continuamente una capa exterior de aspecto ceroso que repele las moléculas de agua, lo que les da un impulso extra cuando nadan en el agua.

↑ Los girínidos (Gyrinidae) nadan por la superficie de aguas estancadas, pero se sumergen en ellas durante poco tiempo cuando están amenazados.

DESIERTOS

Los principales desiertos no polares ocupan aproximadamente un tercio de la superficie terrestre. Caracterizados por montañas con escasa vegetación, campos de dunas, lechos de río secos y llanuras de suelo alcalino, estos hábitats áridos albergan una rica fauna de escarabajos. Para sobrevivir, los escarabajos del desierto se valen de diversas adaptaciones morfológicas y conductuales que los ayudan a estar hidratados.

NO VOLADORES

Los escarabajos de la familia Tenebrionidae suelen ser negros y estar provistos de un grueso caparazón, y poseen varias adaptaciones morfológicas y conductuales que les permiten sobrevivir en hábitats desérticos. Una de ellas es haber perdido la capacidad para volar. Sus élitros, gruesos y unidos, encajan con el cuerpo del escarabajo para formar la cavidad subelitral. El vapor de agua que se desprende a través de los estigmas durante la respiración permanece en esta, lo que evita la desecación. La reducción o la pérdida de las alas para volar también aumenta la capacidad de la cavidad subelitral a fin de permitir la ingesta de una mayor cantidad de alimento y el desarrollo de los huevos, unas características que incrementan la supervivencia de los escarabajos. Algunos escarabajos peloteros que viven en el desierto y *Dermestes maculatus*, así como muchos gorgojos, tampoco vuelan.

TERMORREGULACIÓN

Para combatir el calor, los Tenebrionidae del desierto a veces se entierran en la arena, se esconden debajo de las rocas o descansan en madrigueras, donde las temperaturas son más bajas y la humedad relativa más elevada. Otras especies evitan las temperaturas extremas, limitando al invierno las actividades que llevan a cabo en la superficie. Algunas especies con el lomo cubierto con unas *setae* largas provistas de filamentos cerosos endurecidos con arena pueden bloquear la radiación ultravioleta y conservar la humedad. Otras se valen de una capa cerosa que recubre sus cuerpos o de unos élitros blancos creados por unos huecos situados en las capas cuticulares para a regular su temperatura corporal. Así, el cuerpo del escarabajo acorazado del desierto (*Asbolus verrucosus*), que habita en los desiertos de

Mojave y Sonora, en el suroeste americano, está recubierto de unos filamentos cerosos de un blanco azulado que ayudan a mantener al escarabajo fresco y a prevenir la pérdida de una valiosísima humedad a través de su exoesqueleto. Algunas especies patilargas diurnas de *Onymacris* y *Stenocara* en el desierto de Namibia poseen élitros que son en parte o totalmente blancos debido a los huecos existentes dentro de las capas de la cutícula. Antes se creía que las adaptaciones que aclaran el color del exoesqueleto facilitaban la termorregulación, pero investigaciones recientes sugieren que pueden tener funciones crípticas o aposemáticas.

OBTENCIÓN DE AGUA

Algunos escarabajos que habitan en el desierto de Namibia han desarrollado comportamientos interesantes que les permiten obtener agua de la niebla nocturna de las zonas costeras. Especies de *Lepidochora* utilizan sus cuerpos planos en forma de platillo para excavar largas zanjas en la arena en paralelo al viento predominante. Luego, estos sedientos escarabajos regresan a las zanjas para beber el agua que han retenido los caballones.

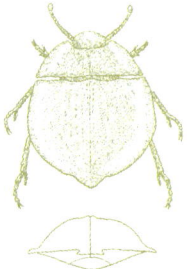

→ El escarabajo *Lepidochora discoidalis* (Tenebrionidae) es una de las tres especies del género que viven en las dunas arenosas costeras del desierto de Namibia.

HÁBITATS EXTREMOS

Las fuentes termales, las aguas salinas, los acuíferos subterráneos y las cuevas también albergan escarabajos. Las especies que se encuentran en las fuentes termales y las aguas salinas suelen tolerar una gran variedad de condiciones ambientales. Sin embargo, *Hydroscapha redfordi*, que lleva el nombre de un célebre actor y conservacionista, es conocido únicamente por las extensiones de algas cubiertas por finas capas de agua que mana de dos fuentes termales, al noreste de Idaho. El hábitat de *Hygrotus salinarius*, un escarabajo buceador depredador, se limita a las pozas salinas situadas al norte de las Grandes Llanuras de Norteamérica.

VIDA BAJO TIERRA

Los escarabajos buceadores depredadores subterráneos están por todo el mundo. Estos escarabajos, que por lo general presentan una coloración pálida y no vuelan, carecen de ojos y *setae* para nadar o bien están reducidos. En Texas, *Haideporus texanus*, el escarabajo buceador del acuífero Edwards, es uno de los cinco escarabajos buceadores subterráneos que se sabe que vive tan solo en los huecos llenos de agua de las formaciones kársticas de piedra caliza del acuífero Edwards (zona de falla de Balcones).

HABITANTES DE LAS CUEVAS

Los escarabajos trogloditas son típicos sobre todo de las regiones que nunca han experimentado una glaciación, viven en bajas densidades de población y tienen unas existencias relativamente largas y muy poca descendencia. De colores claros y, a veces, ciegos, presentan a menudo unas antenas alargadas y unas largas *setae* sensoriales, denominadas tricobotrios, que perciben los cambios en las corrientes de aire, lo que indica peligro o la presencia de una presa. Gracias a unas patas muy largas y esbeltas, las especies trogloditas recorren largas distancias para buscar sustento o cazar. Aunque algunas especies se alimentan de excrementos de murciélago o de las provisiones de otros vertebrados que viven cerca de las entradas de las cuevas, las especies que habitan en las profundidades de las cuevas dependen por completo de los restos de otros organismos que viven en ellas o de los materiales orgánicos que han sido arrastrados por arroyos y filtraciones.

ESPECIES EN PELIGRO
DEL ACUÍFERO EDWARDS

Texas cuenta con nueve grandes acuíferos que ofrecen distintos hábitats para los escasos vertebrados e invertebrados. En uno de estos sistemas subterráneos, el acuífero Edwards, en el centro-sur de Texas, viven varios escarabajos asociados con sus fuentes subterráneas y hábitats kársticos que están considerados en peligro por el Servicio de Pesca y Vida Silvestre de Estados Unidos. Entre estas especies se incluyen *Heterelmis comalensis*, *Stygoparnus comalensis* y *Batrisodes venyivi*, y dos escarabajos terrestres, *Rhadine exilis* y *R. infernalis*. Cambios en la calidad y cantidad del agua pueden tener un impacto negativo en estas y otras poblaciones de animales adaptadas a estos entornos subterráneos que suelen ser estables.

↑ *Haideoporus texanus*, el escarabajo buceador del acuífero Edwards (Dytiscidae), que carece de ojos y pigmentación, habita en los manantiales del acuífero Edwards-Trinity de Texas.

ESCARABAJOS SINANTRÓPICOS

Los escarabajos sinantrópicos se benefician de su asociación con nosotros sacando partido de los distintos recursos de los que nos rodeamos. Algunos se han convertido en plagas casi cosmopolitas en nuestros hogares, museos, almacenes y tierras de cultivo. Estos escarabajos, que ya están adaptados a ingerir alimentos similares en entornos naturales, no tienen reparos en apoderarse de nuestras despensas, cultivos y otros materiales orgánicos. Los escarabajos de la familia Ptinidae, que no vuelan y hurgan en los nidos de diversos animales en busca de materia orgánica, suelen infestar tiendas de comestibles. Los Ptinidae barrenadores de la madera que se desarrollan en ramas de árboles muertos fácilmente se apropian de muebles, revestimientos para pavimentos y otros productos de madera del hogar. A las hambrientas larvas de *Anthrenus* le saben igual tanto los restos de insecto atrapados en una telaraña como los que están sujetos y etiquetados en las colecciones de museo. Las larvas de los gorgojos del jamón del género *Necrobia* son depredadores que perforan la carne muerta y apenas hacen distinción entre un animal atropellado infestado de moscas y provisiones de carne seca. Algunos escarabajos de las hojas y gorgojos, amantes de las plantas nativas, se han aficionado a especies estrechamente emparentadas en los cultivos.

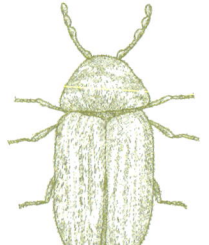

↓ La carcoma del pan (*Stegobium paniceum*, izquierda) y la carcoma del tabaco (*Lasioderma serricorne*, derecha) pertenecen a la familia

Ptinidae. Ingieren todo tipo de materias animales y vegetales almacenadas y son las plagas más comunes en las plantas de procesado de alimentos y almacenes.

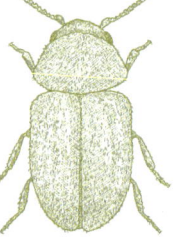

→ *Anthrenus verbasci* (Dermestidae), conocido como el escarabajo de las alfombras, fue descrito por primera vez en 1767 por Linneo. Aunque sus larvas emplean la proteína animal como alimento, los adultos prefieren el polen y el néctar, y en la imagen aparece alimentándose de flores de la hierba de San Gerardo (*Aegopodium podagraria*).

ESCARABAJOS COMESTIBLES

La entomofagia, que es la ingesta de escarabajos y otros insectos, es una práctica extendida fuera de Norteamérica y Europa. El interés por las prácticas agrícolas sostenibles, junto con el coste relativamente bajo de cultivar proteína de insectos en comparación con las fuentes tradicionales de proteína animal, ha fomentado de forma notable el atractivo de producir insectos como alimento.

Las larvas del gusano de la harina (*Tenebrio molitor*) y del picudo rojo, así como de otros escarabajos, son algunas de las más de 300 especies de escarabajos que se consumen en todo el mundo. Se hornean, fríen, asan o doran y, luego, se condimentan con varias especias. Para que la idea de consumir escarabajos sea más apetecible en los mercados de Norteamérica y Europa, las empresas utilizan una harina rica en proteínas a base de gusanos de la harina deshidratados como ingrediente principal de alimentos que se horneaban de forma tradicional. Comparada con las fuentes proteicas convencionales (ternera y otras carnes), la harina a base de larvas de *Tenebrio molitor* deshidratadas contiene más del doble de proteínas, pero para producirla se requiere tan solo una pequeña cantidad de agua, por lo que apenas se generan gases de efecto invernadero.

↙ En Vietnam, las larvas del picudo rojo (*Rhychophorus ferrugineus*, de la familia Curculionidae) se comen vivas, doradas o asadas en brochetas.

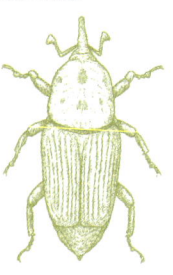

→ En Nueva Zelanda, las larvas del escarabajo *Prionoplus reticularis* (Cerambycidae) son ricas en nutrientes. Con una consistencia similar a la manteca de cacahuete y un sabor a pollo cremoso, son consideradas un manjar tradicional por el pueblo maorí y todo un reto gastronómico para los turistas.

MITOS Y FOLCLORE

Los pueblos antiguos, que carecían de la capacidad de ver y observar con claridad las actividades de los escarabajos, a veces consideraban mágicas las especies más llamativas, las dotaban de poderes mitológicos y las empleaban como símbolos del bien y del mal.

SCARABAEIDAE

El escarabajo mitológico más conocido es el gran escarabajo pelotero sagrado *Scarabaeus sacer*. Para los antiguos egipcios, el peculiar comportamiento de hacer bolas de excremento simbolizaba a Jepri, el dios del sol naciente, que empujó el sol como un disco de excremento por el cielo. Los estudiosos han sugerido que los conocimientos rudimentarios que los antiguos egipcios poseían acerca de la transformación de la larva en una crisálida, cuyo aspecto recordaba al de una momia, en el interior de una pelota de estiércol podrían haber inspirado la construcción de las pirámides y sus numerosas cámaras. Había imágenes de escarabajos por todas partes, desde los jeroglíficos hasta tallas funerarias y amuletos. Curiosamente, el cristianismo medieval consideró los escarabajos peloteros y su asociación con las heces símbolos de la mala suerte, la impureza, el pecado y el mal.

VÍNCULOS MITOLÓGICOS

La mitología está presente en la taxonomía de los coleópteros. *Dynastes hercules* tomó el nombre del héroe romano célebre por su gran fortaleza, mientras que *D. neptunus* se inspiró en el dios del mar. *Goliathus atlas* procede tanto de un personaje bíblico como del titán condenado a cargar con la bóveda celeste por toda la eternidad. *Sisyphus* es un género de escarabajos peloteros que lleva el nombre del rey a quien Hades castigó a hacer rodar una roca cuesta arriba que siempre se precipita hacia abajo antes de alcanzar la cima. La diosa romana de la belleza y el amor inspiró el nombre de *Termitotrox venus*, mientras que su hijo con Marte sugirió la denominación de *T. cupido*.

LA EDAD MEDIA

Durante la Edad Media, unas determinadas especies de Coccinellidae se dedicaron a la Virgen María y fueron bautizadas como «escarabajos de Nuestra Señora». Con el tiempo, estos escarabajos recibieron el nombre de mariquitas, conocidos por su color rojo y manchas negras. Lo cierto es que en muchas pinturas medievales, Nuestra Señora fue representada con un manto rojo, y se cree que las manchas de la mariquita de siete puntos, que es la más común, simbolizan los Siete Gozos y los Siete Dolores de la Virgen. Hoy en día estos escarabajos con la coloración tan brillante siguen siendo muy populares, y aparecen a menudo en libros y canciones infantiles.

LOS MAYAS

Otros tipos de escarabajos han servido como símbolos, especialmente las luciérnagas. Los mayas las asociaron con las estrellas, cigarros encendidos y dioses. Sus destellos se consideran señales de buena suerte o están asociados a los espíritus de los difuntos.

↑ Las mariquitas de siete puntos (*Coccinella septempunctata*, de la familia Coccinellidae) y otros coccinélidos aparecen a menudo en canciones tradicionales e infantiles.

ESCARABAJOS QUE INSPIRAN

Biomimética, o biomimetismo, es el estudio de la naturaleza y de sus procesos naturales. El objetivo de los estudios biomiméticos es adquirir un conocimiento sobre los mecanismos naturales y, luego, aplicarlo para resolver retos humanos. En vez de desarrollar desde cero técnicas de ingeniería complejas y caras que probablemente requerirán largos períodos de ensayo y error, los bioingenieros incorporan en sus diseños procesos biológicos que se han forjado durante millones de años de selección natural.

Dada su persistencia como grupo durante casi 300 millones de años, no debería sorprender que los escarabajos hayan sido una rica fuente de inspiración científica y tecnológica. Cada especie presenta unas características morfológicas, genéticas y químicas que inspiran el desarrollo de materiales novedosos, compuestos y otras tecnologías disruptivas para progresar en los campos de la medicina y la tecnología.

LUCIÉRNAGAS Y ELATÉRIDOS

Estudios detallados sobre los órganos productores de luz de las luciérnagas y los elatéridos no solo han supuesto grandes avances en el desarrollo de métodos de iluminación más potentes y más eficientes energéticamente, sino también la creación de pruebas para detectar contaminación bacteriana en los alimentos y las bebidas, estudiar la expresión génica y la fisiología celular, representar tejidos para la investigación biomédica y detectar compuestos orgánicos asociados a una posible vida en el espacio exterior.

PODER ADHESIVO

La capacidad que poseen los escarabajos y otros insectos de caminar por los muros y techos desde siempre ha cautivado a los biólogos evolucionistas y bioingenieros. Un equipo de científicos alemanes y estadounidenses examinó más de 300 especies de insectos en busca de aquellos que poseían las propiedades ideales para un nuevo tipo de cinta adhesiva que no contuviera pegamento. Al principio se centraron en dos tipos de patas pegajosas de insecto que habían seguido evoluciones distintas, las finas almohadillas de los saltamontes y los escarabajos con patas muy «peludas». Utilizando las patas de los escarabajos como modelo, los investigadores han desarrollado una cinta sin pegamento que se adhiere a las superficies mediante unas nanoestructuras de alta densidad con forma de champiñón que se pueden adaptar fácilmente a superficies desiguales y otras irregularidades, como las patas peludas de los escarabajos.

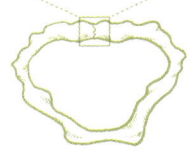

FUERZA MECÁNICA

Juntar materiales distintos con adhesivos o fijaciones mecánicas, o bien soldar ha sido desde hace mucho tiempo un reto para los ingenieros, porque estas tecnologías pueden añadir peso o introducir tensión, lo que provoca corrosión y fracturas. En busca de soluciones en la naturaleza, los bioingenieros han estudiado el escarabajo diabólico acorazado (*Phloeodes diabolicus*), un escarabajo no volador con un cuerpo increíblemente duro. Imágenes microscópicas, simulaciones por ordenador y modelos impresos en

↑ El mecanismo a modo de cremallera que une los élitros de los escarabajos diabólicos acorazados (*Phloeodes diabolicus,* de la familia Zopheridae).

3D revelan que la fuerza de su exoesqueleto tan reforzado es el resultado de placas superpuestas reforzadas con estructuras que absorben impactos capaces de soportar hasta 39000 veces el peso del cuerpo del escarabajo. Así, por ejemplo, la superficie dorsal del exoesqueleto está reforzada por un conjunto de estructuras interdigitadas resistentes que consisten en dientes interconectados a modo de una cremallera y de unas protrusiones resistentes a los daños en forma de puzle. Cada una de estas estructuras está formada por capas de tejido pegadas por proteínas. Los bioingenieros están explorando la posibilidad de sintetizar estructuras comparables para ser utilizadas como fijaciones en juntas estructurales en edificios y puentes, así como la fabricación de motores de aviones.

INVESTIGACIÓN CONTINUA

Los escarabajos constituyen una apasionante frontera por descubrir para bioprospectores, bioingenieros y científicos en biomateriales. El descubrimiento y la posterior síntesis de compuestos, estructuras y materiales inspirados en escarabajos no solo exige una importante inversión simultánea en herramientas analíticas y tecnologías sofisticadas, sino también en investigación taxonómica y sistemática y la conservación de hábitats de escarabajos.

ARTE Y MANUALIDADES

Las formas y los colores de los escarabajos han inspirado tanto a artesanos como a creadores durante siglos. Los escarabajos de la familia Scarabaeidae solían representarse en el arte religioso del antiguo Egipto. Los márgenes de los manuscritos medievales con frecuencia se miniaban con escarabajos. Durante el Renacimiento, los escarabajos figuraban en bodegones y varias artes decorativas, pero la obra sin precedentes *El escarabajo ciervo* (1505) del artista alemán Alberto Durero los convirtió en un centro de interés, una tendencia que se convirtió en ilustración científica durante la Ilustración.

ARTE TRADICIONAL CON ALAS DE ESCARABAJO

El arte con alas de escarabajo es una antigua técnica artesanal que incorpora élitros iridiscentes. Cuando lloraban a sus difuntos, los habitantes de Myanmar y el norte de Tailandia vestían unos mantos ribeteados con los brillantes élitros verdes de los escarabajos joya *Sternocera*. La actriz victoriana Dame Ellen Terry es conocida por llevar un vestido con unos adornos de escarabajos similares mientras interpretaba a Lady Macbeth, y posaba con este disfraz para el pintor estadounidense John Singer Sargent. A principios de este siglo, el artista belga Jan Fabre cubrió con los élitros de casi medio millón de escarabajos joya el techo del Palacio Real de Bruselas.

JOYERÍA

Los duraderos cuernos, mandíbulas y patas de los cadáveres de grandes escarabajos a menudo se transforman en joyas. Gente de distintas partes del mundo se engalanan con joyas vivas o especies bioluminiscentes.

ARTE MODERNO

Las obras no autorizadas del artista urbano inglés Banksy a veces traspasan el límite entre el arte y el vandalismo. Su obra antibelicista *Withus Oragainstus, United States*, en la que representa a un escarabajo arlequín provisto de armamento y colocado dentro de una caja con cristal, fue descubierta en la Sala de la Diversidad del Museo de Historia Natural de Nueva York.

ZOPHERUS CHILENSIS

El maquech (*Zopherus chilensis*) es un escarabajo saproxílico longevo y lento que vive desde el sur de México hasta Colombia y Venezuela. En la península del Yucatán, sus duros lomos se decoran con piedras preciosas y luego se sujetan con un alfiler en la ropa o con una cadena corta como un amuleto. Vendido a los turistas como una novedad, el maquech recuerda a una antigua leyenda del Yucatán sobre un joven príncipe maya que es convertido en escarabajo para esquivar a los guardias de su amante. Se están llevando a cabo medidas para desarrollar un programa de cría en cautividad que ayude a conservar las poblaciones en estado salvaje de este escarabajo.

↓ Más de un millón de élitros verdes iridiscentes de *Sternocera aequisignata* (Buprestidae) procedentes de Tailandia decoran el Palacio Real de Bruselas.

ESCARABAJOS Y CULTURA POPULAR

Para llamar la atención sobre la diversidad de los escarabajos y la importancia que tiene identificarlos y clasificarlos, algunos estudiosos de los coleópteros han recurrido a varios elementos de la cultura popular para inspirarse en las denominaciones de nuevas especies. La ciencia ficción, los cómics y los personajes de Pokémon, así como los nombres de atletas, estrellas de cine y políticos, han servido de inspiración para los nombres científicos de los escarabajos.

En 2018, tres especies de coleópteros, *Gymnetis drogoni*, *G. rhaegali* y *G. viserioni*, fueron bautizadas en honor a los dragones que aparecían en la serie *Game of Thrones* (*Juego de Tronos*). Al año siguiente, en un estudio de los gorgojos *Trigonopterus* de Célebes, los autores, inspirados por fuentes de cultura popular entre las que se incluían cómics de *Astérix* y la franquicia *Star Wars*, bautizaron sus nuevas especies de gorgojo con los nombres *T. asterix*, *T. idefix*, *T. obelix* y *T. yoda*; otra especie, *T. chewbacca*, de Nueva Bretaña (una isla situada en el archipiélago Bismarck, en el oeste del océano Pacífico), fue descrita en un estudio aparte. Más recientemente, en 2020, tres especies de pirocroidos australianos se bautizaron en honor a tres aves de Pokémon poco comunes: *Binburrum articuno*, *B. moltres* y *B. zapdos*.

↓ El gorgojo no volador *Trigonopterus chewbacca* (Curculionidae) debe su nombre a las densas escamas de su cabeza y patas.

↓ El nombre de *Demyrsus digimon* (Curculionidae), un escarabajo barrenador de los troncos de las cicas en Queensland, Australia, se inspira en una figura de anime japonesa.

→ Se desconocen las costumbres de *Gymnetis viserioni* (Scarabaeidae), que vive en Panamá, Colombia y Ecuador, pero es probable que se alimente de frutos en descomposición y de la savia de troncos dañados. Su patrón de color tan variable es perturbador y probablemente hace que resulte menos apetecible a los depredadores hambrientos.

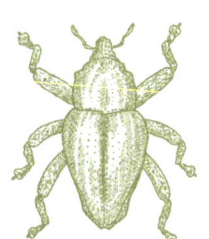

LOS ESCARABAJOS COMO REMEDIO MEDICINAL

El uso de insectos y productos derivados de estos como recursos para la medicina, o entomoterapia, es una práctica muy antigua en todo el mundo. Se sabe que una de las primeras veces que se emplearon escarabajos en medicina fue en la región mediterránea, cuando las grandes mandíbulas de unos carábidos *Scarites* vivos se aplicaron para cerrar heridas hasta que sanaron. Otros escarabajos se han empleado vivos, cocinados o molidos, o bien se han preparado como infusiones, yesos o vendajes, bálsamos o ungüentos para tratar o prevenir una amplia variedad de dolencias.

CURAS Y TRATAMIENTOS

Antiguamente, en Europa se vendían mariquitas para aliviar el dolor de muelas y como remedio para el sarampión y los cólicos. El aceite extraído de las larvas del escarabajo sanjuanero *Melolontha vulgaris* se aplicaba por vía tópica para tratar rasguños y como cura para el reumatismo, mientras que los adultos remojados en vino se tomaban como tratamiento para la anemia. Con independencia de si los beneficios eran reales o imaginarios, es probable que antes de que los escarabajos se emplearan en medicina fueran alimento.

Al parecer, las grandes mandíbulas o cuernos de algunos escarabajos se han utilizado durante mucho tiempo como potenciadores de la libido. Hace muchísimo tiempo se creía que ingerir las cenizas de los machos de ciervo volante europeo (*Lucanus cervus*) era un estimulante sexual efectivo. Más recientemente, hombres de la comunidad otomí que viven en el estado de Hidalgo, México, aumentan su virilidad ingiriendo escarabajos rinoceronte macho (*Strategus aloeus*), en especial sus protuberancias en la región torácica que parecen cuernos. Todo efecto positivo que hayan experimentado quienes consumen estos escarabajos se debe simplemente al poder de la sugestión.

Hoy en día, en el este asiático es habitual emplear escarabajos y otros artrópodos en la medicina tradicional, que en China usa casi 50 especies de escarabajos, como las carralejas, de la familia Meloidae. Las carralejas contienen cantaridina, un compuesto químico extremadamente tóxico que es muy conocido por sus supuestas cualidades como afrodisíaco e inductor de abortos. La cantaridina, que es extremadamente tóxica en dosis bajas, causa inflamación del tracto gastrointestinal y puede provocar la muerte por fallo renal. A pesar de su toxicidad, su uso está muy extendido en el este asiático para tratar furúnculos, infecciones fúngicas, parálisis causadas por apoplejías, nódulos linfáticos inflamados, rabia, gonorrea y sífilis. En China se usan extractos de carralejas *Hycleus* como remedios para fiebres infecciosas, escrófula, necrosis, cálculos vesicales, calvicie, contusiones y obstrucciones urinarias. Desde hace mucho tiempo, comunidades rurales de Sudamérica, así como dermatólogos de Occidente, utilizan la cantaridina por vía tópica para tratar verrugas (virus del papiloma humano, o VPH) y moluscos (virus del molusco contagioso). Estudios recientes demuestran que la cantaridina y sus derivados inhiben varios tipos de células cancerosas humanas en el laboratorio.

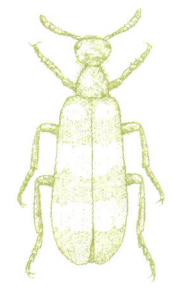

↑ La cantaridina de la carraleja *Hycleus phaleratus* (*Meloidae*) se emplea en la medicina tradicional china para tratar varias dolencias.

Otra toxina increíblemente potente que producen los escarabajos es la pederina, que se encuentra sobre todo en la hemolinfa de las hembras de los escarabajos estafilínidos *Paederus*. La pederina, derivado de una bacteria endosimbiótica, *Pseudomonas*, es eficaz como quimioterapéutico antineoplásico porque retarda el crecimiento de tumores cancerosos.

LA FARMACOLOGÍA DEL FUTURO

Para su defensa, los escarabajos producen unos compuestos químicos con propiedades farmacológicas, entre los que se incluyen los antibióticos, antifúngicos, antineoplásicos, antimicrobianos, antiinflamatorios, antioxidantes, citotoxinas y neurotoxinas, pero relativamente pocas de estas han sido evaluadas de forma experimental. El hecho de que estas sustancias puedan servir para tratar varias infecciones bacterianas, VIH y otras enfermedades víricas y el cáncer refuerza el argumento para la conservación de los escarabajos y sus hábitats.

FOTOGRAFÍA Y
CIENCIA CIUDADANA

Con un poco de paciencia y práctica, es fácil tomar buenas fotografías macro de escarabajos de tamaño medio o grande mediante teléfonos inteligentes con funciones macro. Las imágenes de escarabajos sobre fondos simples y despejados son las que ofrecen un mejor resultado, en especial las que muestran escarabajos que actúan de forma natural, como alimentándose y apareándose.

Considere la posibilidad de compartir sus imágenes en *iNaturalist.com*, donde la comunidad puede ayudar a la identificación de las especies. Estas imágenes pueden llegar a formar parte de uno o más proyectos científicos en curso sobre la documentación de la distribución y diversidad de los escarabajos. Identificar las especies de sus fotografías y saber que sus imágenes contribuyen a un mayor entendimiento del mundo natural le hará disfrutar tanto de los escarabajos como de la fotografía.

Las fotografías por sí solas pueden no ser suficientes para la identificación, ya que muchas especies requieren disecciones de sus órganos reproductores y otras características difíciles de ver. Por tanto, tal vez considere conveniente coleccionar escarabajos a fin de examinarlos con una lente rígida o un estereomicroscopio de disección.

↓ Los teléfonos inteligentes se han convertido en unas herramientas útiles para tomar imágenes de escarabajos e identificarlos.

↓ Una pequeña lupa de mano o de bolsillo es un objeto esencial para examinar los escarabajos sobre el terreno.

→ Las mejores imágenes de los escarabajos se toman con cámaras digitales DSLM o DSLR equipadas con lentes macro específicas de una distancia focal mínima de 50 mm. La macrofotografía requiere paciencia y práctica, pero los resultados, sin duda, valen la pena.

COLECCIONAR ESCARABAJOS

El mayor reto para estudiar las tendencias en la diversidad, abundancia, distribución, incidencia y otros parámetros es la falta de unos datos de referencia. A diferencia de las mariposas, los macrolepidópteros, las libélulas y los zigópteros, que suelen identificarse a simple vista, es preciso capturar la mayoría de los escarabajos para poder realizar identificaciones de especies precisas. Por tanto, recoger ejemplares es esencial para su estudio científico y conservación.

Observar y coleccionar escarabajos proporciona valiosas aportaciones acerca de su comportamiento, morfología y clasificación, y ayuda a vincular a la gente con la naturaleza. Recoger escarabajos, especialmente entre los niños, ha sido el detonante de las carreras de muchos entomólogos, biólogos y otros científicos, incluyendo al autor de este libro.

MATERIAL ÚTIL

En casa se dispone de todo el equipo necesario, pero también se puede adquirir en comercios especializados en material de entomología. Las redes son útiles para capturar escarabajos mientras vuelan entre la vegetación o se desplazan por el agua. Con unas lonas especiales se pueden capturar escarabajos que saltan de las hojas y ramas mientras estas se golpean con un palo. Las luces, en especial las UV colgadas enfrente de una sábana extendida o un muro blancos, atraen a muchos escarabajos en las primaveras cálidas o las noches de verano. La carroña, la fruta y las heces también atraen a determinadas especies. Los frascos y los botes son imprescindibles para guardar los ejemplares de forma temporal. Las pinzas y los aspiradores permiten un fácil manejo de pequeños especímenes recogidos por estos y otros métodos. Una lupa de bolsillo de 10 aumentos es útil para examinar ejemplares sobre el terreno y en casa. Un pequeño bloc es práctico para tomar anotaciones precisas sobre el terreno, tales como la fecha, la hora, la temperatura, la localidad, la planta huésped y otros datos sobre la recogida. Esta información, junto con el nombre del coleccionista, figurará en la etiqueta de la localidad que lleva cada ejemplar. Las webs de museos y universidades ofrecen información detallada sobre la recolección de escarabajos y otros insectos, así como matar, preparar y almacenar de forma adecuada ejemplares destinados a museos.

BUSCAR E IDENTIFICAR ESCARABAJOS

Busque escarabajos en patios traseros, solares sin construir y parques. Registre tantos hábitats como sea posible para aumentar la diversidad de escarabajos de su colección. Bosques, desiertos, praderas, sabanas, costas y humedales poseen una fauna de escarabajos concreta formada por especies de poblaciones que crecen y menguan con las estaciones.

Existen webs, como iNaturalist, donde se pueden enviar imágenes de escarabajos e insectos acompañadas de datos sobre la localización para que sean identificados por miembros expertos de la comunidad. Algunas páginas de Facebook se dedican a los escarabajos y a su identificación. Existen museos que cuelgan imágenes de sus tipos, los especímenes propiamente dichos en los que los expertos en coleópteros basaban sus descripciones formales de escarabajos. Los especímenes tipos desempeñan una función especial en la nomenclatura zoológica y actúan como la norma material para especies que la bibliografía científica describe formalmente.

UN EXAMEN MÁS ATENTO

Aunque algunos escarabajos se pueden identificar de una forma fiable comparando especímenes con fotos, la mayoría requiere un examen de sus órganos reproductores y otras estructuras microscópicas. Para llevar a cabo una identificación minuciosa, es preciso examinar los especímenes a través de un estereomicroscopio de disección, así como la bibliografía científica pertinente. A menudo es posible acceder a monografías y otros artículos publicados que ofrecen claves de identificación ilustradas mediante una suscripción o un carné de biblioteca estatal. Sin embargo, algunos autores cuelgan sus obras en ResearchGate, pero también se puede contactar con ellos por correo electrónico y solicitarles un PDF de su obra. Por lo general, se puede acceder con libertad a publicaciones más antiguas a través de Biodiversity Heritage Library (BHL) y Journal Storage (JSTOR).

→ La identificación de los escarabajos a menudo requiere unas inspecciones microscópicas detalladas tanto de las estructuras externas como internas de los especímenes.

COLECCIONES DE ESCARABAJOS

Más que unos cuantos insectos disecados sujetos con alfileres, los escarabajos que forman parte de colecciones de universidades y museos ofrecen a los investigadores unos especímenes archivados que son registros verificables y permanentes de la diversidad de escarabajos. Los datos de la etiqueta sobre la localización asociados a cada ejemplar contribuyen no tan solo a nuestro conocimiento de sus distribuciones en el pasado y el presente, sino también de sus preferencias de hábitat y períodos de actividad.

Durante mucho tiempo, las colecciones de escarabajos y otros insectos se han utilizado básicamente con fines de identificación, como ayudar a los entomólogos a identificar las especies invasoras que podrían amenazar los cultivos agrícolas y los bosques destinados a la producción de madera. Estas colecciones son unos recursos de vital importancia para las investigaciones morfológicas, en especial respecto a los estudios sobre la sistemática y las relaciones filogenéticas.

IMPORTANCIA CIENTÍFICA

Hoy en día, las colecciones de escarabajos se han convertido en unas herramientas muy útiles para hacer un seguimiento de los cambios que experimentan las poblaciones y los hábitats con el tiempo, lo que profundiza nuestro conocimiento de sus respuestas ecológicas y evolutivas frente al cambio climático. Con la ayuda de técnicas de laboratorio avanzadas, los especímenes archivados también son analizados para identificar agentes contaminantes y otros compuestos químicos en sus cuerpos. Estos análisis ayudan a revelar las condiciones medioambientales del pasado y del presente. Cada espécimen de escarabajo constituye una oportunidad única para que los investigadores estudien sus propiedades morfológicas, bioquímicas y genómicas, que desvelan su desarrollo e historia ecológica. Estos datos únicos que se incluyen en las colecciones de escarabajos meticulosamente preparadas y conservadas también asocian la identidad con un tiempo y un lugar, una información que es fundamental para los conservacionistas que supervisan las tendencias de la población, determinan el grado de amenaza de las especies y elaboran hipótesis sobre posibles repercusiones del cambio climático.

← Los especímenes meticulosamente preparados en las colecciones de los museos son unas valiosas herramientas para la identificación de las investigaciones filogenéticas y los trabajos de conservación.

TURISMO ENTOMOLÓGICO

Dentro del ecoturismo, el turismo entomológico, o entomoturismo, emplea varios tipos de programas educativos para aumentar la concienciación acerca de las funciones ecológicas y socioeconómicas de los insectos. Los mariposarios y los insectarios atraen a millones de entomoturistas cada año y facilitan los encuentros entre insectos en condiciones controladas. La gente también viaja a entornos exóticos para observar y apreciar los insectos en estado salvaje, especialmente las mariposas y las libélulas.

Los lugares con poblaciones saludables de escarabajos carismáticos, sobre todo lampíridos y escarabajos peloteros, también se han convertido en populares destinos turísticos. Desde hace tiempo, el turismo de lampíridos se ha popularizado en Japón, México, Taiwán, Tailandia y Estados Unidos, donde las luciérnagas que centellean de forma sincronizada (*Photinus carolinus*) atraen a millones de personas cada año. El Parque Nacional de los Elefantes de Addo, en Sudáfrica, no solo alberga una de las poblaciones de elefantes más meridionales del continente, sino que también es uno de los últimos hábitats que quedan del gran escarabajo pelotero no volador *Circellium bacchus*. Los visitantes del parque tienen la oportunidad de contemplar la emblemática fauna y flora africana, en la que se incluye el escarabajo pelotero más grande del continente.

↓ Observar grandes escarabajos peloteros (izquierda) y los escarabajos mono polinizadores (derecha), ambos de la familia de los escarabeidos, completan las actividades más tradicionales de safaris y avistamiento de aves en Sudáfrica, lo que aumenta la concienciación sobre la conservación de los invertebrados.

→ El turismo de luciérnagas es una industria que está creciendo rápidamente en Estados Unidos y en todas partes del mundo. El fervor por experimentar este espectáculo bioluminiscente generado por estos escarabajos tan delicados requiere una gestión muy cuidadosa para causarles el mínimo daño posible a ellos y a su entorno.

ESCARABAJOS Y CAMBIO CLIMÁTICO

Los impactos del cambio climático provocado por el ser humano ya son perceptibles. Entre los insectos, una prueba evidente del cambio climático son las distribuciones cambiantes de las mariposas y libélulas que viven en hábitats templados, en especial aquellas especies que habitan en los límites septentrionales de sus distribuciones.

MODELOS DE DISPERSIÓN

Estudios sobre los hábitos y la distribución de los escarabajos europeos, tanto en el pasado como en el presente, podrían facilitar puntos de vista útiles sobre el cambio climático y sus repercusiones. Así, por ejemplo, un examen de los fósiles de escarabajos del Cuaternario sugiere que la dispersión fue el mecanismo principal por el que las especies se adaptaron a episodios de cambio climático en Europa hace unos 10000 años. A medida que las temperaturas ascendieron con rapidez al final de la última glaciación, muchas especies se vieron obligadas a dispersarse hacia el norte o hacia hábitats apropiados a mayor altitud. Aunque resulta difícil hacer demostraciones solo a partir de vestigios fósiles, es probable que se extinguieran.

FRAGMENTACIÓN DE HÁBITAT

Hoy en día es poco probable que la dispersión por sí sola garantice la supervivencia de muchas poblaciones de escarabajos debido a la fragmentación de hábitat provocada por el desarrollo y la agricultura. Tanto la especialización de hábitat como las preferencias alimentarias desempeñan una función esencial en la capacidad de las especies para adaptarse a los cambios a corto y largo plazo. La sequía y otras condiciones agravadas por el cambio climático pueden modificar de forma radical los hábitats de los que dependen los escarabajos para alimentarse y desovar, especialmente en los fragmentos de hábitats residuales. En el transcurso de la evolución, la fragmentación de un hábitat como consecuencia de la actividad humana es un fenómeno muy reciente y es probable que sus repercusiones a largo plazo en los escarabajos no sean evidentes en un futuro cercano.

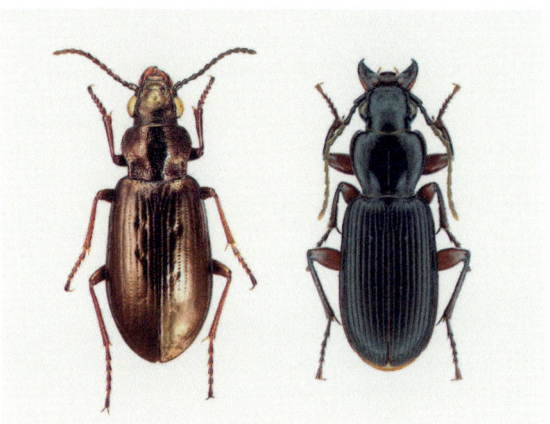

↑ Supervisar escarabajos adaptados al frío, como *Diacheila arctica amoena* (izquierda) y *Pterostichus macer* (derecha), (familia Carabidae), puede ayudar a entender los impactos del cambio climático.

EFECTOS DEL CAMBIO CLIMÁTICO

Los científicos estudian las formas en que distintos animales y plantas responden al cambio climático. Unos primeros indicios sugieren que el tamaño de los escarabajos que se han desarrollado en condiciones controladas ha disminuido a medida que han ascendido las temperaturas. Investigadores de la Universidad de la Columbia Británica que analizan las longitudes de los élitros de especímenes de escarabajos de Canadá revelaron que determinados escarabajos terrestres más grandes han visto reducido su tamaño en casi un 20 por ciento en 50 años. Si la reducción en el tamaño se debe al cambio climático, a cambios en la calidad o la cantidad de alimento, a una mayor depredación o a otros factores medioambientales requiere un estudio más detallado, ya que puede variar entre distintas especies.

AMENAZAS Y CONSERVACIÓN

Los escarabajos tienen un problema de relaciones públicas. Aunque son el mayor grupo de animales de la Tierra y representan una parte importante de la biodiversidad del mundo, mucha gente aún los considera unas criaturas de lo más extrañas. Relativamente pequeños y a veces causantes de plagas, los escarabajos no despiertan los mismos sentimientos de compasión y responsabilidad moral que animales de mayor tamaño y más carismáticos como los pandas, los osos polares y las ballenas.

DEFORESTACIÓN Y PESTICIDAS

El libre uso de los bosques en todo el mundo, tanto tropicales como templados, para fines agrícolas, comerciales, mineros y residenciales fragmenta estos paisajes tan delicados. La contaminación del aire, la tierra y el agua supone una seria amenaza para todos los organismos, incluidos los escarabajos. La deriva de los pesticidas, como los insecticidas que se aplican a los campos para luchar contra las plagas agrícolas que son transportados por el viento o el agua a hábitats naturales, es perjudicial para los escarabajos tigre amantes de la costa. La presencia de ivermectina antiparasitaria en los excrementos del ganado vacuno tiene efectos adversos en los índices de desarrollo y la supervivencia de las larvas de escarabajos peloteros beneficiosos. La proliferación de empresas que aplican pesticidas sin necesidad para controlar los mosquitos mata a todos los insectos, incluso a los escarabajos. Los incendios forestales, las luces eléctricas (incluidas las lámparas atrapamosquitos e insectos), las especies invasoras, los embalses de agua, los vehículos todoterreno y la tala de árboles también representan una amenaza para las poblaciones de escarabajos.

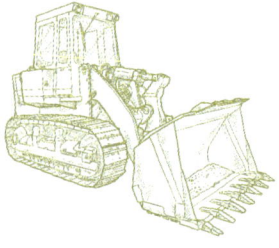

← La conversión de la tierra para uso residencial o agrícola o el desarrollo comercial es el mecanismo principal por el que se pierden hábitats de forma definitiva.

ESFUERZOS DE CONSERVACIÓN

El primer paso para conservar los escarabajos y sus hábitats es entender sus funciones colectivas en el ecosistema del que dependemos para alimentarnos y obtener agua limpia y aire respirable. Los escarabajos, que actúan como herbívoros, depredadores y recicladores, no son solo esenciales para la sostenibilidad de los ecosistemas, sino que también son muy útiles como indicadores biológicos, y albergan una enorme cantidad de datos científicos. Por tanto, es razonable invertir en su conservación. Los grados de peligro a los que se exponen y de endemismo, junto con sus preferencias ecológicas y características conductuales, en vista de las actividades humanas, facilitan a los conservacionistas un conjunto único de retos y oportunidades para proteger a los escarabajos.

Reconocer formalmente que los escarabajos están amenazados o en peligro los convierte en una especie emblemática que contribuye a sensibilizar a la opinión pública sobre su difícil situación y a obtener apoyo económico para conservar sus hábitats. Los esfuerzos dirigidos a conservar una única especie y su hábitat comportan la protección de todas las especies en ese hábitat, un fenómeno que se conoce como efecto paraguas. El desconocimiento absoluto de la biología, la ecología y la distribución de los escarabajos dificulta los esfuerzos por identificar y proteger las especies que deben ser conservadas. Así pues, se considera que son pocas las especies que precisan conservación y protección legal.

IDENTIFICACIÓN DE ESPECIES AMENAZADAS

La Lista Roja de Especies Amenazadas, o Libro Rojo, fue elaborada por la Unión Internacional para la Conservación de la Naturaleza (UICN) para proporcionar datos exhaustivos sobre el riesgo de extinción que podrían correr los organismos en todo el mundo. Las especies enumeradas se incluyen en una de estas ocho categorías: extinto, extinto en estado silvestre, en peligro crítico, en peligro, vulnerable, casi amenazado, preocupación menor y datos insuficientes. Actualmente detalla más de 1700 especies de escarabajos, y la inmensa mayoría pertenece por lo menos a las categorías de vulnerables o datos insuficientes. Muchos países han elaborado sus propias listas de especies en peligro y han promulgado leyes para proteger los escarabajos y otros animales salvajes mediante la conservación y restauración de sus hábitats, limitando su desarrollo en zonas que se sabe que están habitadas por las especies enumeradas, así como regulando y prohibiendo su explotación comercial.

EL MÁS GRANDE, EL MÁS LARGO Y EL MÁS PEQUEÑO

Los escarabajos goliat (*Goliathus*) africanos, los escarabajos elefante de Centroamérica y Sudamérica (*Megasoma*) y los escarabajos atlas (*Chalcosoma*) del sudeste asiático son algunos de los escarabajos más grandes del mundo. Con sus 99 g, *Megasoma actaeon* de Guyana pesa más que una baraja de cartas.

En Centroamérica, los cuerpos de los escarabajos hércules macho (*Dynastes hercules*) miden tan solo unos 76 mm de longitud, pero pueden llegar a un total de 178 mm si se tiene en cuenta su cuerno protorácico tan característico. El escarabajo con el cuerpo más largo, que recibe el acertado nombre de escarabajo titán (*Titanus giganteus*), de la selva amazónica, ¡puede llegar a medir 175 mm de longitud!

Con tan solo 0,325 mm, *Scydosella musawasensis*, de Centroamérica y Sudamérica, es el escarabajo más pequeño del mundo. De hecho, este escarabajo provisto de alas con aspecto de pluma es el insecto no parasitario más pequeño del mundo, y podría completar todo su ciclo vital en el interior de la cabeza del escarabajo titán, donde tendría sitio de sobras.

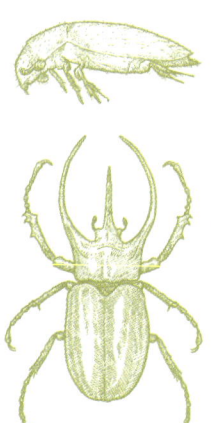

← Los insectos microscópicos como *Scydosella musawasensis* (Ptinidae) revisten interés científico porque son modelos para los estudios sobre la miniaturización de animales.

← Las larvas de los escarabajos *Chalcosoma atlas* (Scarabaeidae) se alimentan de madera podrida y tardan hasta tres años en completar su desarrollo.

→ Las poderosas mandíbulas de *Titanus giganteus* (Cerambycidae) pueden partir fácilmente un lápiz por la mitad. A pesar de su impresionante tamaño, se sabe muy poco sobre la historia natural de este escarabajo; una curiosidad es que son los machos adultos, y no las hembras, los que sienten atracción por la luz.

Medida
real

10 mm

COMO UN RAYO

En relación con su tamaño, el insecto que corre a más velocidad es un escarabajo tigre australiano no volador, *Rivacindela hudsoni*. Con 20 mm de longitud, se le ha registrado corriendo a una velocidad de hasta 2,5 m, o 125 veces la longitud del cuerpo por segundo, a una velocidad media de 9 km/h. Este dato parece irrisorio si lo comparamos con la velocidad del humano más rápido, el atleta jamaicano Usain Bolt, que logró el récord en los 100 m con 9,58 segundos, que equivalen a 37,58 km/h. No obstante, si medimos la velocidad en relación con la longitud del cuerpo, con 1,95 m de alto, Bolt habría corrido 333,45 km o 125 veces la longitud de su cuerpo por segundo, ¡por lo que habría logrado una velocidad media de 1200,42 km/h)!

ESCARABAJOS TIGRE

Existen más de 2600 especies de escarabajos tigre que viven en distintos hábitats en todo el mundo, salvo en el Ártico a 65° de latitud norte, en la Antártida, en Tasmania y en islas aisladas del océano como Hawái. Suelen abundar a lo largo de las costas, así como en lagos secos y otros hábitats salinos.

Las larvas de escarabajo tigre son únicas entre aquellas de otros escarabajos en el sentido de que excavan madrigueras estrechas y se amarran a ellas mediante dos pares de ganchos abdominales curvados hacia arriba. Bloquean la entrada a sus refugios con su cabeza muy bien acorazada de colores enigmáticos y con el protórax pegado a la superficie del suelo. Las

← Los ojos saltones, las mandíbulas curvadas y las patas delgadas de los escarabajos tigre adultos (Cicindelidae) son adaptaciones para su estilo de vida depredador.

larvas depredadoras que tienden emboscadas a los insectos que se aventuran a acercarse demasiado a la entrada del refugio arremeten contra ellos y los capturan con sus poderosas mandíbulas antes de arrastrarlos a su guarida.

Ya sean diurnos o nocturnos, los escarabajos tigre adultos tienen las patas largas y son veloces y fáciles de reconocer por sus ojos abultados y sus largas y dentadas mandíbulas en forma de hoz. Aunque algunas especies son arbóreas y viven en árboles, la mayoría son terrestres.

Los escarabajos tigre son cazadores visuales que tienden emboscadas a sus insectos o bien los persiguen a velocidades relativamente altas dando unas carreritas curiosas. El estilo de cazar de los escarabajos tigre terrestres, consistente en correr y detenerse de forma intermitente, se debe, sin duda, a que su velocidad les impide que sus ojos capten suficientes fotones. Estos, que son unas porciones diminutas de energía electromagnética que componen la luz, ayudan a los escarabajos tigre a formarse una imagen clara de su presa. Aunque poseen una visión excelente, cuando los escarabajos tigre aceleran a unas velocidades relativamente altas hacia su presa pierden la capacidad de ver y se vuelven temporalmente ciegos. Para compensarlo deben detenerse varias veces unos pocos milisegundos para captar una cantidad suficiente de fotones reflejados en su presa para reubicarla y poder retomar la persecución.

CON MUCHO TACTO

Los trompicones que da el escarabajo tigre cuando corre detrás de una presa son algo poco común en la naturaleza, y su modo tan particular de abordar la ceguera temporal es único. Si bien puede que deba detenerse entre tres o cuatro veces durante la persecución, es tan veloz que logra capturar a la presa. Mientras corre tras ella, el escarabajo tigre mantiene las antenas tendidas enfrente de él, a menos de 2 mm del suelo, un comportamiento que le ayuda a no chocar con ningún obstáculo. Los test realizados en el laboratorio han demostrado que los escarabajos tigre en realidad dependen más del sentido del tacto que del de la vista para evitar obstáculos físicos en su entorno.

RASCAR Y GOLPETEAR

Para producir sonido, algunos escarabajos estridulan una estructura estriada llamada *pars striden* con un canto rugoso conocido como raspador. Los escarabajos emiten sonidos durante el cortejo, al enfrentarse a otros escarabajos o en respuesta al estrés. Algunas especies, como los escarabajos del cuero y longicornios, emiten sonidos frotando sus patas y abdómenes contra los élitros para crear unas alarmas chirriantes o estridentes cuando los atacan, posiblemente para asustar a los depredadores. En el caso de los escarabajos enterradores y pasálidos, la estridulación puede ayudar a los adultos y a sus crías a comunicarse unos con otros y mantenerse cerca, una hipótesis que se ve reforzada por la dependencia de estas larvas de sus progenitores para obtener sustento de forma continuada, especialmente justo después de nacer.

ESCARABAJOS QUE GOLPETEAN

Los machos y hembras de escarabajo del reloj de la muerte (*Xestobium rufovillosum*) se llaman unos a otros golpeando la cabeza contra las paredes de las galerías que perforan en la madera. Las hembras responden a la llamada de los machos con sus propios golpes. Este golpeteo tan persistente, que se escucha en los sosegados atardeceres de verano, es un sonido muy común en el interior de las antiguas viviendas construidas con vieja madera de roble u otros edificios históricos de Europa, y desde hace mucho tiempo se ha interpretado como señales de una muerte inminente.

Los escarabajos toc-toc (que incluyen los géneros *Dichtha*, *Mariazofia* y *Psammodes*) son unos tenebriónidos que viven en bosques, montañas y desiertos del sur de África. Los machos y hembras mantienen una comunicación sexual que se conoce como «golpeteo en el sustrato». Se llaman unos a otros dando golpecitos rápidos con sus abdómenes contra sustratos rocosos para generar un repiqueteo que en afrikáans se denomina con la onomatopeya «toc, toc». Este apelativo engloba a muchos otros escarabajos tenebriónidos, tanto si producen este sonido como si no.

→ En 2022, el polaco Marcin Kamiński, especialista en coleópteros, creó el género de escarabajos toc-toc africanos *Mariazofia*, cuyo nombre se inspira en sus dos hijas, Maria y Zofia.

ODONTOTAENIUS DISJUNCTUS

El escarabajo del charol (*Odontotaenius disjunctus*) vive en los bosques del este de Norteamérica. Los adultos excavan túneles en troncos en descomposición, donde viven en grupos familiares subsociales. Las larvas se alimentan de la madera que trituran y mastican los adultos, así como de los microbios intestinales asociados con excrementos (*frass*) de adultos. Tanto los adultos como las larvas producen sonidos por estridulación. Los adultos frotan unas pequeñas púas situadas en la parte inferior de sus alas con las correspondientes superficies rugosas del abdomen, mientras que las larvas frotan las patas traseras con las patas centrales. Los adultos emiten 14 sonidos distintos que tienen funciones tanto sociales como defensivas.

MUJERES FATALES

Las luciérnagas, o gusanos de luz, no son ni moscas ni propiamente gusanos, sino unos escarabajos de cuerpo blando. Las especies bioluminiscentes emiten una luz fría como una forma de comunicación sexual y defensa. La luz del macho, que es específica de la especie tanto en modelo como en duración, desempeña un importante papel en el cortejo al anunciar su disponibilidad y ubicación a las hembras que tiene cerca. Los machos suelen desplegar sus luces cuando vuelan en busca de hembras, mientras que las hembras, que normalmente no se mueven, les responden con su señal luminosa propia de la especie.

ADVERTENCIA BIOLUMINISCENTE

Para protegerse de los ataques de arañas, aves y otros depredadores, las luciérnagas liberan unas pequeñas gotas de hemolinfa nociva de su pronoto y élitros, un comportamiento defensivo que se conoce como sangrado reflejo. Su hemolinfa contiene lucibufaginas, unos esteroides tóxicos. Si bien la cantidad de hemolinfa liberada es considerable, parece ser que no

tiene ningún efecto adverso para las luciérnagas. Los depredadores verte-brados e invertebrados experimentados enseguida asocian la bioluminis-cencia con un sabor desagradable y rápidamente evitan a las luciérnagas como alimento. Así pues, la bioluminiscencia en las luciérnagas es también una forma de aposematismo.

Las hembras de las luciérnagas *Photuris* carecen de lucibufaginas. Para obtener este compuesto químico defensivo, modifican el patrón de su señal luminosa para hacerse pasar por una hembra de luciérnaga *Photinus* y atraer a un desprevenido macho *Photinus* para ingerirlo en lugar de aparearse con él. Una vez que se ha enriquecido con las lucibufaginas de su víctima, la hembra saciada de *Photuris* modifica su señal para atraer a un macho de su propia especie, no como alimento, sino como compañero para aparearse. Las lucibufaginas que han obtenido estas mujeres fatales re-fuerzan el sistema defensivo químico que ya poseían y, finalmente, pasarán a sus huevos para protegerlos de hormigas depredadoras.

↙ Las hembras *Photuris* son conocidas como «mujeres fatales». Simulando que son hembras *Photinus*, atraen a los machos *Photinus* para comérselos y obtener sus toxinas defensivas, las lucibufaginas.

MIMETISMO AGRESIVO

Las luciérnagas hembra *Photuris* que engañan a las luciérnagas macho *Photinus* para comérselas haciéndose pasar por hembras *Photinus* es un ejemplo de mimetismo agresivo. Vemos otra muestra de este fenó-meno en los depredadores *Elytroleptus* (Cerambycidae), que se parecen a su tóxica presa *Neolycus* (Lycidae), en el suroeste americano y México. *Elytroleptus apicalis* va en busca de sus dobles *Neolycus fernandezi* y *N. arizonensis*, mientras que el *E. ignitus* caza a sus dobles de lícidos, *N. loripes* y *N. simulans*. Ambas especies de *Elytroleptus* capturan y consumen *Neolycus* entre sus agregaciones de alimen-tación y apareamiento. Se desconoce por qué, curiosamente, el depredador absorbe el disuasorio ácido que contienen los lícidos, su presa, así como su capacidad para tolerar este olor tan penetrante.

IMITADORES DE ESCARABAJOS

O tros artrópodos pueden tener la apariencia de escarabajos como resultado de una evolución convergente. Esta se produce cuando especies no relacionadas ocupan nichos ecológicos similares y se adaptan de modos semejantes, desde el punto de vista morfológico y/o conductual, como respuesta a presiones selectivas parecidas. Algunos insectos y arañas comparten patrones aposemáticos de escarabajos tóxicos o que se defienden con compuestos químicos.

HETERÓCEOS

Muchas especies de mariposas nocturnas de la subfamilia Arctiinae se defienden con compuestos químicos y presentan una coloración aposemática. En Norteamérica, las polillas *Lycomorpha pholus* y *Pyromorpha dimidiata* poseen alas que comparten los mismos patrones de color aposemáticos de los escarabajos *Caenia*, *Calopteron* y *Lycus*, de la familia Lycidae. Las alas de la polilla *Hypoprepia fucosa* presentan unos colores parecidos y patrones de los lampíridos del género *Photinus* y *Photuris*.

CUCARACHAS

Algunas especies de cucarachas tropicales parecen escarabajos por el color y su comportamiento. Especies de la familia Ectobiidae, del género *Prosoplecta*, son más o menos circulares y tienen unas alas anteriores cortas y engrosadas que se asemejan a élitros. Su aspecto de escarabajo es aún más auténtico gracias a unas antenas y patas relativamente cortas, de modo que parecen escarabajos de varias familias, tales como los escarabajos joya, las mariquitas y los escarabajos de la hoja. Como su nombre sugiere, la especie *Schultesia lampyridiformis*, que se encuentra a menudo en nidos de pájaros, guarda un notable parecido con las luciérnagas. Estas y otras cucarachas semejantes a los escarabajos por lo general son consideradas miméticas generalizadas porque sus modelos concretos de escarabajo son en su mayoría desconocidos.

OTROS ESCARABAJOS FALSOS

Otros imitadores de escarabajos han desarrollado estructuras armadas que, a primera vista, parecen élitros. La familia Celyphidae, cuyos miembros son conocidos como moscas escarabajo, que en su mayoría pertenecen al Viejo Mundo, engloba casi 100 especies que habitan sobre todo en el sudeste asiático. Las moscas escarabajo son fáciles de reconocer por su escutelo extraordinariamente hinchado (el escutelo es una parte del tórax que cubre la mayoría del abdomen y protege el único par de alas de la mosca cuando reposa). Se desconoce si su adaptación morfológica poco común tiene alguna otra función. Algunos insectos verdaderos parecen escarabajos porque también tienen abdómenes que están en parte cubiertos por un élitro similar a un escutelo. Los insectos verdaderos se distinguen fácilmente por unas piezas bucales destinadas a perforar y succionar en lugar de masticar, y por un desarrollo hemimetábolo caracterizado por tan solo tres fases de desarrollo: huevo, ninfa y adulto. La especie *Megacopta cribraria*, con un aspecto compacto parecido a un escarabajo, que pertenece a la familia del Viejo Mundo Plataspidae, actualmente es una plaga muy extendida de la soja y otras legumbres en el sureste de Estados Unidos. Los insectos del ébano de la familia Thyreocoridae también parecen pequeños escarabajos. Son, por lo general, insectos ovalados y relucientes, con un escutelo muy aumentado que recubre la mayor parte de su abdomen y alas.

Los dermápteros (conocidos vulgarmente como tijeretas) a veces se confunden con los estafilínidos por sus cuerpos delgados y unas alas anteriores cortas y engrosadas (las tegminas). Sin embargo, estos insectos hemimetábolos son fáciles de diferenciar por el par de cercos (apéndices) muy llamativo situado en el extremo de su abdomen.

Los insectos no son los únicos artrópodos que se asemejan a los escarabajos. Los araneidos africanos y asiáticos del género *Paraplectana* se conocen vulgarmente como arañas imitadoras de mariquitas. Su duro abdomen, con la forma y el diseño del de la mariquita, se extiende por encima del cefalotórax de la araña como una boina. Especies de araneidos sudamericanos del género *Encyosaccus* guardan un parecido con los escarabajos de la hoja. Es probable que aves que han ingerido las poco apetitosas mariquitas y escarabajos de la hoja no los vuelvan a probar nunca más ni tampoco a las arañas que se parezcan a ellos.

↓ Las moscas de la familia Celyphidae se conocen como moscas escarabajo. El escutelo, una gran lámina situada encima del tórax, actúa como los élitros protectores de los escarabajos.

DE ESCARABAJOS Y BOTELLAS

Uno de los escarabajos australianos más curiosos es *Julodimorpha saundersii*. Este gran y robusto escarabajo joya (35-65 mm) posee unos élitros de un marrón dorado grabados con unas marcas características separadas de forma irregular. Viven en los hábitats de matorrales de mallee en el suroeste de Australia, donde tal vez sean más conocidos por la atracción del macho hacia las botellas de cerveza «rechonchas». Durante los meses de primavera australes de agosto y septiembre, los machos con las alas completamente desarrolladas alzan el vuelo y emiten un fuerte zumbido cuando van en busca de hembras no voladoras. Estos machos tan apasionados, que tienen preferencia por las hembras de mayor tamaño, a veces son atraídos por botellas de cerveza de color ámbar con un grabado que recuerda a un granulado. Trepando por las botellas con los órganos reproductores extendidos, al parecer los machos confunden el color y la textura de estas «trampas evolutivas» fabricadas con las mismas cualidades de los élitros femeninos que encuentran atractivos. Otros objectos de colores y texturas similares, sobre todo la piel de naranja, también captan la atención de los machos que buscan aparearse.

↓ La otra única especie de *Julodimorpha*, *J. bakewellii*, vive al este de Australia, y en 2016 apareció en un sello australiano de 2 dólares.

↓ La única larva que se conoce de *J. saundersii* se descubrió a 2,2 m de profundidad en una zanja excavada para construir una tubería de gas natural.

→ La atracción de los machos *Julodimorpha saundersii* (Buprestidae) por las botellas «rechonchas» de cerveza fue referida en una publicación por primera vez en 1983 por Darryl Gwynne y David Rentz. En 2011, se les otorgó un Premio Ig Nobel, una parodia de los Nobel para reconocer las investigaciones que hacen reír y, luego, pensar.

GLOSARIO

aposematismo
Estrategia mediante la cual algunos animales advierten a sus depredadores, a menudo con coloraciones llamativas, de que tienen un sabor desagradable o de alguna otra característica nociva.

bioluminiscencia
Producción de luz que implica la oxidación de la luciferina mediante la acción de la luciferasa en determinadas familias de escarabajos.

cavidad subelitral
Espacio situado debajo de los élitros utilizado por los escarabajos acuáticos en el que se almacena aire para que puedan respirar debajo del agua; también ayuda a la termorregulación de las especies terrestres.

clípeo
Pequeña pieza del exoesqueleto situada frente a la cabeza que cubre las piezas bucales.

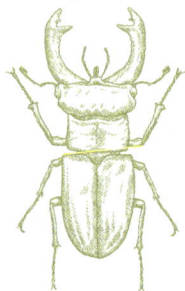

coleóptero
Orden de insectos holometábolos, comúnmente conocidos como escarabajos, que se caracterizan por tener mandíbulas y unas alas anteriores modificadas denominadas *élitros*.

diurno
Que está activo durante el día.

dorsal
Relativo al dorso o lomo o a la parte superior, trasero.

ectoparasitoide
Se dice de la larva parásita que se alimenta externamente de su huésped hasta provocarle la muerte.

élitro
Ala anterior modificada y endurecida en forma de concha que es característica de los escarabajos

endoparasitoide
Se dice de la larva parásita que se alimenta internamente de su huésped hasta provocarle la muerte.

escama
Dicho de las *setae* planas, cuyo contorno puede ser casi redondo, oval (en forma de huevo), obovado (en forma de pera), lanceolado (en forma del hierro de una lanza) o lineal (largo y fino).

espermateca
Órgano de los insectos hembra que almacena y alimenta el esperma hasta la fecundación y ovoposición.

espiráculo
Orificio externo del sistema traqueal.

estridular
Frotar una parte del cuerpo con la otra, normalmente moviendo una hilera de púas o pequeñas protuberancias por una cresta o un conjunto de crestas para producir sonido.

exoesqueleto
Cubierta externa protectora de los escarabajos que sirve tanto de esqueleto como de piel; a nivel interior, actúa como un sostén para los músculos y los sistemas orgánicos, a la vez que proporciona una plataforma para las estructuras sensoriales, apéndices y alas a nivel externo.

fungívoro
Que se alimenta de hongos; micófago.

hemolinfa
Líquido corporal de los insectos que en los vertebrados cumple la función tanto de sangre como de linfa.

hipermetamorfosis
Desarrollo *holometábolo* que se suele encontrar en los escarabajos parásitos (Bothrideridae, Meloidae, Rhipiceridae, Ripiphoridae) en el que los estadios larvarios presentan formas distintas.

holometabolismo
Desarrollo con cuatro estadios distintos (huevo, larva, ninfa, adulto); también se denomina metamorfosis completa.

larviforme
Relativo a los escarabajos adultos hembra que carecen de alas y parecen larvas; se distinguen por tener ojos compuestos y unos órganos reproductores completamente desarrollados.

microorganismo endosimbiótico
Organismo que vive en el interior de otro.

mycangia
(sing. *mycangium*)
Receptáculos *exoesqueletos* de los escarabajos de la corteza que contienen hongos *simbióticos*.

ovipositor
Estructura abdominal de los insectos hembra que facilita la oviposición, o la puesta de huevos.

parásito
Organismo cuya existencia depende de otro organismo o huésped; normalmente no mata al huésped.

parasitoide
Parásito que suele matar a su huésped.

partenogenético
Organismo que lleva a cabo la partenogénesis, o reproducción sin fertilización.

pigidio
Último esclerito dorsal abdominal (terguito) en los escarabajos.

protuberancia hidrófuga
Setae densa y repelente al agua situada en la superficie del exoesqueleto de los escarabajos acuáticos.

pubescencia
Setae suaves, finas, cortas, dispersas y erectas.

respiración plastrón
Método de respiración que utilizan algunos escarabajos acuáticos en el que una fina capa de aire queda atrapada por una malla aterciopelada densa que envuelve el cuerpo (plastrón) y es utilizada para obtener oxígeno disuelto del agua del entorno y expulsar dióxido de carbono.

ribereño
Relativo a la franja estrecha de terreno que flanquea los arroyos y ríos.

sangrado reflejo
Emisión defensiva de *hemolinfa* a través de membranas intersegmentarias entre las articulaciones de las patas y los segmentos del cuerpo.

saproxílico
Se dice del organismo que vive en maderas secas o en descomposición.

seta (pl. *setae*)
Estructura parecida a pelos en los insectos.

simbiótico
Relativo a distintas especies que viven en asociación con otra, pero no implica la naturaleza de la relación.

tanatosis
Táctica defensiva que consiste en fingir la muerte para que los depredadores pierdan interés.

teneral
Dicho de un insecto adulto, con el cuerpo pálido y suave recién salido del estadio de pupa.

triungulin
Primer estadio larvario activo de un escarabajo *parásito* que se desarrolla por *hipermetamorfosis*.

ventral
Situado debajo o relativo al vientre.

LECTURAS RECOMENDADAS

Barclay, M. V. L.; Bouchard, P., *Beetles of the World. A Natural History*, Princeton, Nueva Jersey, Princeton University Press, 2023.

Bouchard, P. (ed.), *The Book of Beetles: A Life-size Guide to Six Hundred of Nature's Gems*, Chicago, University of Chicago Press, 2023.

Evans, A. V., *Beetles of Eastern North America*, Princeton, Nueva Jersey, Princeton University Press, 2014.

Evans, A. V., *Beetles of Western North America*, Princeton, Nueva Jersey, Princeton University Press, 2023.

Evans, A. V., *The Lives of Beetles: A Natural History of Coleoptera*, Princeton, Nueva Jersey, Princeton University Press, 2023.

Marshall, S., *Beetles: The Natural History and Diversity of Coleoptera*, Richmond Hill, ON, Canadá, Firefly Books, 2018.

ÍNDICE

AGRADECIMIENTOS

Este libro es un trabajo colaborativo que empezó con una invitación por parte de Nigel Browning, de UniPress, para que escribiera este libro. Como sucedió con mi anterior proyecto con UniPress, *The Lives of Beetles*, ha sido un auténtico placer colaborar de nuevo con Ruth Patrick. La paciencia y el buen humor de que ha hecho gala durante la producción de este trabajo ha sido de gran ayuda para mantenerse en el buen camino. Las numerosas ilustraciones magníficas y detalladas de Tugce Okay han añadido forma, textura y color a mis palabras. Las ilustraciones en blanco y negro tan encantadoras de Ian Durneen que aparecen de vez en cuando a lo largo del libro han proporcionado más contexto. Doy especialmente las gracias a John Abbott y Joyce Gross por haberme permitido utilizar sus excelentes imágenes en la presente obra. Lindsey Johns ha organizado con maestría todos estos elementos para dar vida a un breve volumen, sin duda único, y de lo más atractivo. Asimismo, también le estoy enormemente agradecido a nuestro socio literario, Princeton University Press, donde Robert Kirk y sus colegas Megan Mendonca y Ruthie Rosenstock me siguen brindando todo su apoyo en lo que se refiere a esta obra.

Los ensayos de este libro se han extraído principalmente de fuentes primarias procedentes de mi biblioteca personal o bien de bibliotecas digitales, en especial la Biodiversity Heritage Library (*biodiversitylibrary.org*) y el Journal Storage (*jstor.org*). Un agradecimiento especial a Smithsonian Libraries and Archives de Washington, DC y a la Boatwright Memorial Library, Universidad de Richmond, Virginia, por autorizarme a consultar otras publicaciones electrónicas. Durante la fase de investigación se han podido consultar otras publicaciones gracias al permiso concedido por sus autores a través de ResearchGate (*researchgate.net*).

Robert Anderson, del Museo Canadiense de la Naturaleza, ha tenido la amabilidad de leer fragmentos de un primer borrador del manuscrito y, a continuación, de revisar el conjunto del libro. Gran experto en coleópteros, a la vez que comunicador científico, sus observaciones y sugerencias tan convincentes han hecho que el texto sea más preciso y ameno.

Mi esposa, Paula Evans, leyó con entusiasmo un primer borrador de esta obra y me hizo numerosas sugerencias que me han ayudado a que su lectura sea más clara y amena. El amor y el apoyo que me ha brindado en los últimos veinticinco años siguen siendo una constante fuente de alegría y confort para mí.

Como con todos mis proyectos literarios, comparto el éxito de esta obra con todas las personas mencionadas, pero todos y cada uno de sus defectos son únicamente míos.

AUTOR

Arthur V. Evans es entomólogo, educador, fotógrafo, locutor de radio y productor de vídeos. Entre sus numerosas obras, cabe citar *Beetles of Western North America* y *The Lives of Beetles: A Natural History of Coleoptera* (ambos de Princeton). Reside en Richmond, Virginia.

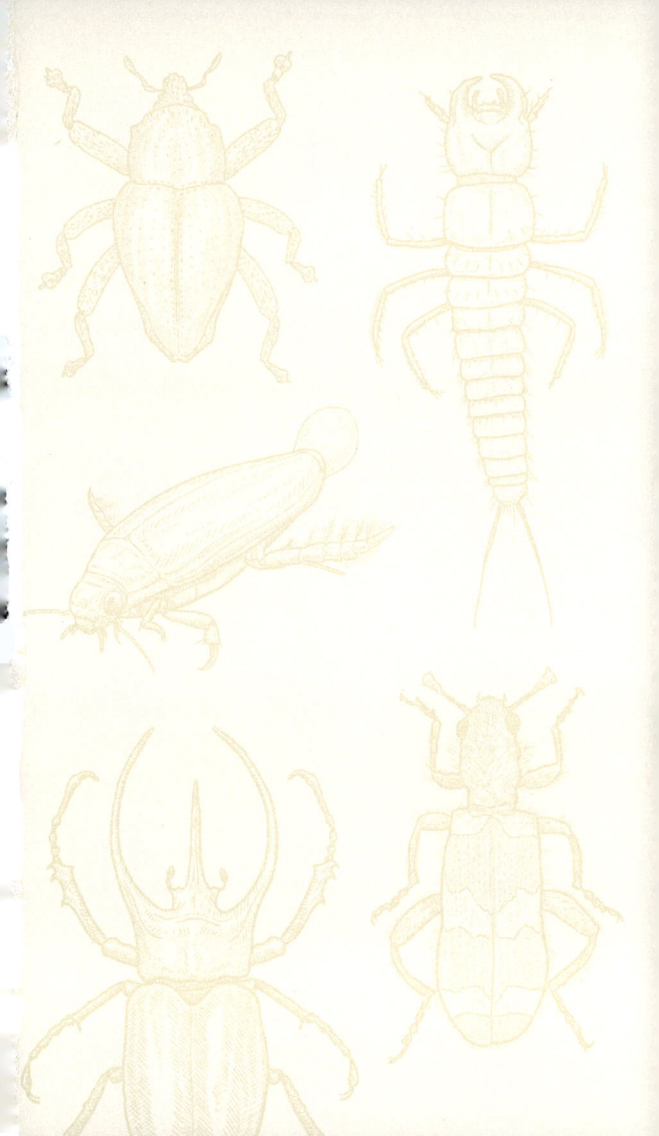

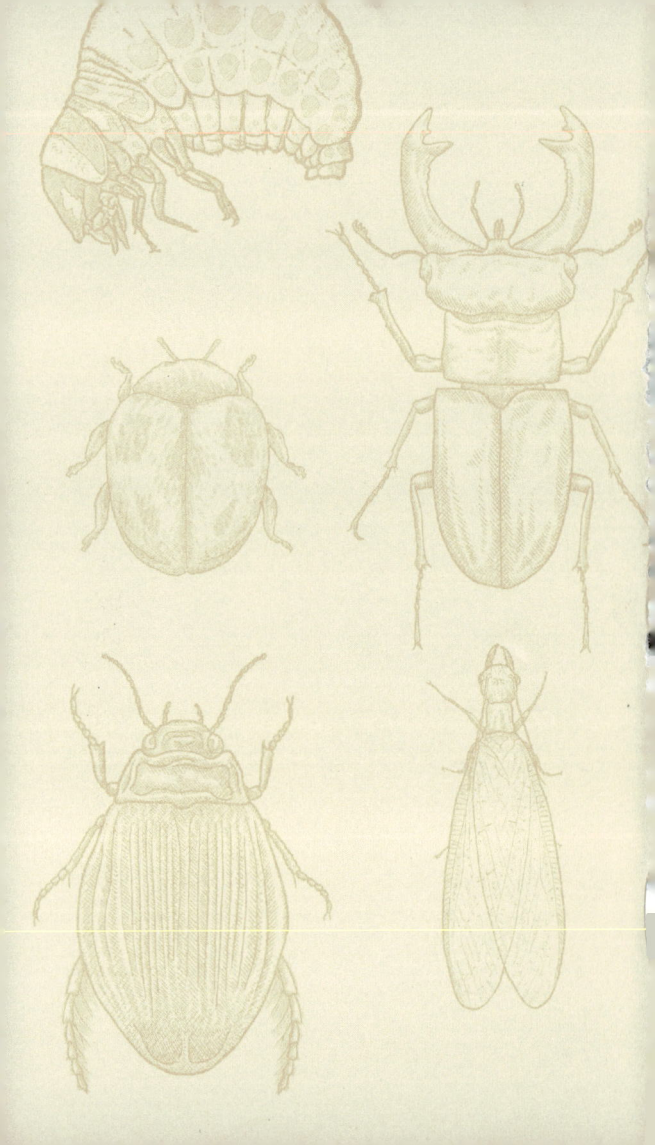